아홉 개의 빈 그릇

1회 졸업식

1회 입학식

초창기 동양학교 개교식

졸업장 수여

14회 입학식

입학의 기쁨

현대식 기숙사

문학의 밤

5회 합창경연대회

체육대회

화려한 응원전

미의 제전 목련제

풍명의 기상 횃불

횃불놀이

사이판에서

사이판 해변의 조개 줍기

합창반

문예반

교정에서

의상 발표회

4회 교내합창대회

산학연계

제품 완성도 확인

본관 앞에서

배우며 일하자

사제간의 물 나르기

완제품 모델

산업체 부설학교 르포

아홉 개의 빈 그릇

임 무 정

오늘의문학사

아홉 개의 빈 그릇

■ 들어가는 말

산업체 부설학교

다시 되풀이되지 않을 사회현상에 관한 기록은 절대가치를 가진다.

1970년대부터 1990년대에 이르는 시기에 우리나라에서 한시적으로 존재했던 세계유일의 제도 교육형태의 하나인 산업체 부설학교 및 산업체 특별학급의 생성과 사멸의 일생, 그 생멸사를 심도 있게 파헤쳐보는 일은 누군가 꼼꼼히 밝혀 놓지 않으면 안 될 시대적 사명이 아닐 수 없다.

1950년대의 한국전쟁을 겪은 후, 그 폐허의 쑥밭에서, 국민소득 80달러의 처절한 가난에서 벗어나게 했던 견인차는 힘든 일을 하면서도 부지런히 배웠던, 우리들의 앳된 누이였던 근로청소년의 힘이 한 몫을 했던 것이다. 그 현장의 일선에서 몸을 던졌던 필자로서 그 감회는 새롭고 벅차지 않을 수 없다.

사람이 사람답게 사는 일은 사랑의 잣대로 나를 버리는 아픔을 견뎌내는 과정 그 자체라고 할 수 있다. 우리는 좀 더 나은 내일을 향해 노력한다. 이것이 미래지향적 의지로서 이 힘이 문화를 창조하는 원동력이 되는 것이다.

뭔가 좀 더 보람이 있는 일. 남이 달갑지 않게 생각하지만 절대가치를 찾아가는 일이 무엇인가 하는 의문으로 잠 못 이루는 어느 날, 나는 산업체 부설학교에서, 타의에 의해 진학시기를 놓치고, 부모형제를 위해 자신을 희생하는 아름다운 마음씨의 근로청소년을 가르치는 일에 일생일대의 의미를 두기로 했다.

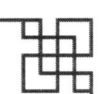

　전 국민을 대상으로 한 평생교육, 사회교육의 일환이자 제도교육 체제의 학교교육인 산업체 부설학교에서의 가르침과 배움의 채찍질은 자못, 큰 보람을 갖는 것이라는 확신이 선 것이었다. 사실, 1970년대 말의 한국적 현실은 개인당 소득이 당시 북한 수준과 맞먹는 개인당 소득을 올리는 처참한 가난이 따랐다. 이 가난을 벗어나고자 몸부림 쳤던 국민들은 새벽종이 울리면 지체 없이 일터로 달려 나갔다.

　본인이 교사로 13년간 봉직한 '풍명여자고등학교'는 주식회사 '삼풍'의 부설학교로서, 재학생은 모기업 '삼풍'과 자회사인 '동산진흥주식회사'와 주식회사 '뉴보'에 근무하는 근로청소년을 교육하는 일이었다. 한때는 800명을 웃도는 재학생을 가진 규모가 큰 학교였지만 IMF체재 하에서 종업원, 특히 학생자원이 줄어드는 회사의 구조조정 과정에서 '풍명여자고등학교'는 폐교의 운명을 맞게 된 것이었다.

　모기업 주식회사 '삼풍'(캠브리지 멤버스)은 주생산품이 신사복으로, 한국의 바느질 솜씨로 세계를 누빈 선구자적 기업이었다.

　국제신사로 알려진 김삼석 회장의 강인한 집념으로, 국내적으로는 (주)삼풍 안양공장, 캠브리지 수지공장, 동해공장, 동산진흥주식회사, (주)뉴보 등을 이끌어 내수 시장을 장악했고 국제적으로는 엘살바도르, 도미니카, 과테말라, 미국령 마리아나제도의 사이판, 뉴욕, 로스 엔젤레스, 멕시코, 중국, 일본 오사카 등에 공장과 지점을 둔 현지법인을 설립하고 한국의 신사복을 세계인에게 입힌 글로벌 기업의 공로자였다.

　재벌기업이 아닌, 단일직종의 CEO로서 한 우물을 파내어, 최고의 품질 신사복으로 세계정상을 정복하겠다는 집념으로 강인한 지도력을 발휘한 그가 1978년에 설립한 풍명여자고등학교(삼풍부설 중, 고등학교, 풍명중, 실업고등학교)는 1985년 중학교가 폐교되고, 1998년 고등학교가 문을 닫는다.

　이러한 과정에서, 1980년 3월부터 1994년 2월말까지 13년간 근로청소년 학생과 더불어 밤낮을

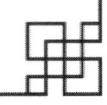

가리지 않고 그들의 배움에 대한 기쁨과 슬픔에 동고동락한 필자는 그 감회가 새롭고 복잡다단할 수밖에 없다.

그들은 수출보국의 숨은 애국자로서, 가난한 집안 살림을 이끈 일하는 손, 졸음을 쫓으며 받은 수업 등은 이제 살아있는 역사가 되었고 그 역사의 주역들은 사회에 나가 직장인으로서, 주부로서 각자 맡은 바 역할을 감당해 나가고 있는 것이다.

이젠, 어제보다는 오늘이 비교적 잘 살게 되었기에 사회안전망이 구축되어가고 교육의 기회균등이 자리잡아가고, 개인 소득이 높아져서 다시는 이러한 직접적인 산학협동의 교육시스템인 산업체 부설학교 및 산업체 특별학급은 등장하지 않을 것이기에, 산업체 학교의 성장과 그 소멸의 과정을 찬찬히 돌아보고 그 시대적 요구와 교육적 수요의 함수관계와, 역사적 의의를 되새겨 보는 일은 언제, 누군가가 맥을 짚어야 할 과제임이 틀림없고 그 시대적, 사회적 공과를 따져보는 일은 흥미롭고 유익한 일인 것이다.

세계적으로 유래가 없는 독특한 교육제도인 산업체학교의 참 모습은 어떠했는지?

내가 몸담았던 '풍명여자고등학교'를 중심으로, 단위학교만의 문제가 아닌 전국적 현상의 잣대로서 사명감, 소명감으로 그 실상을 적나라하게 샅샅이 헤쳐 보는 것이 이 책을 엮는 목적이다.

[차 례]

들어가는 말　　/ 12

1 chapter

가난에서 벗어나기

21. 아홉 개의 빈 그릇

25. 산업체 부설학교의 설립

35. 모기업, 주식회사 삼풍

45. 이대로는 안 되겠어

51. 사이판의 타포차우산 정상에서

2 chapter

배움에의 목마름

58. 촛불과 낙엽의 '문학의 밤'

67. 선생님, 교복을 입고 싶어요

72. 굴뚝과 굴뚝 사이

76. 정말, 안 되는 건가요

81. 하루만 더 있다 가요

85. 선생님, 엄마가 보고 싶어요

90. 풀꽃 향기를 맡으며

94. 빛나는 졸업장을 타신 언니께

3 chapter

잘 살아 보세

104. 섬유산업이 이끈 경제 성장

115. 오사카에서의 비즈니스

123. 산업체 학교 존폐의 위기

132. '백년대계'의 꿈은 사라지고

135. 저무는 날의 에필로그

임무정 수필집

제1장
가난에서 벗어나기

아홉 개의 빈 그릇

산업체 부설학교의 설립

모기업, 주식회사 삼풍

이대로는 안 되겠어

사이판의 타포차우산 정상에서

아홉 개의 빈 그릇

"지난 1975년, 제가 국민학교(초등학교) 5학년 때의 일입니다. 그 때 우리 식구는 일흔이 넘은 할머님을 모신 아홉 식구였는데, 아홉 개의 밥그릇 속에 쌀 한 톨 없이 겨우 끼니를 이어갈 수 있었던 저희 가정에 일이 벌어졌습니다.

그나마 보리쌀도 다 떨어져 끼니를 이을 수 없을 정도의 형편에 닿자, 아버님께서는 이런 세상을 살아서 무얼 하느냐며 뒤껻에 가서 손에 약병을 들고 들어오시더니 아홉 개의 빈 밥그릇에 부어 놓는 거 였어요

비록 제 나이가 어리긴 했었지만 그때 그 순간은 정말 잊을 수가 없었답니다.

집과 논밭이 없어 산지기로 생활하던 그때의 고통, 허지만 저는 배움을 포기하지 않았습니다."

윗글은 경기도 안양시 안양7동 199번지에 소재했던 주식회사 '삼풍'의 산업체부설학교로 1978년에 설립되어 1998년에 학교 문을 닫은 풍명여자고등학교를 1993년에 졸업한 박삼례 양이 쓴 수기의 첫머리이다.

이 세상에서 가장 설운 설움은 가난으로 끼니를 잇지 못하는 배고픈 설움이 아닐까.

그렇지 않아도 부존자원이 적고, 조선 말기의 쇄국 정책으로 문을 닫은 우물 안 개구리였던 우리나라는 일찍 개화한 일본 제국주의에 재갈이 물려 버둥대었고 동족상잔의 한국전쟁이 휩쓸고 지나간 폐허의 빈 터에서 세계 최빈국 수준의 가난을 견뎌낼 수밖에 없었던 것이다.

배고픈 설움을 초근목피로 달래고 보리밥 도시락도 갖고 오지 못한, 마른버짐이 정수리에 번진 아이들은 점심시간이면 슬며시 교실 밖으로 나가, 수도꼭지를 틀어 벌컥벌컥 마신 물로 빈 배를 채우고는 운동장의 돌멩이를 걷어차고 하염없이 하늘의 구름을 쳐다보다가 꼬르락 거리는 아랫배를 쓰다듬으며 교실로 들어오던 아픔의 세월이었다.

가난, 가난은 도대체 우리에게 무엇인가?

천국에는 가난한 사람이 없어 못 간다던 70년 봉사의 생활을 여든 일곱으로 마감한 마더 테레사는 1981년 한국을 찾았을 때 가난이 없는 세상을 만들자면 여러분과 내가 세상의 가난을 함께 나누면, 아니, 나누겠다고 결심만 한다면 한국에서 헐벗고 굶주리거나 길거리에서 죽어가는 사람은 한 명도 없을 것이라고 말한 바 있다.

오늘날 북한의 처지는 어떠한가? 1950년대 천리마운동으로, 살기 좋은 사회주의 세상을 내걸고 "이밥(쌀밥)에 고깃국을 먹여주겠다"던 김일성 주석의 호언장담이 물 건너가고 그를 세습한 김정일 국방위원장, 그 후 김정은 통치하의 오늘 날에도 "도토리 철엔 도토리만 먹다가 변비가 와서 어른 아이 할 것 없이 신음한다. 꼬챙이로 변을 파내주면 아파서 눈물을 뚝뚝 흘린다. 다신 안 먹겠다고 맹세하고 돌아앉으면 배가 고파 또 먹는다(탈북자 동지회 사이트)"는 상황은 평양은 예외일 것이지만, 그 처절한 한계상황의 가난이 분단된 조국의 북녘에서 아직도 엄연히 존재함은 우리를 슬프게 한다.

먹을 것이 없어 산에서 주운 도토리로 연명을 해야 하는 현실, 그야말로 '찢어지는 가난'은 항문이 찢어지는 가난으로 이어져 어린 것들의 항문에 꼬챙이를 꽂아 변비를 후벼내는 부모의 심정은 어떠할까? 그러므로 궁핍으로부터의 탈피는 온 인류가 지향해야할 절체절명의 우선 과제가 아닐 수 없다.

그러나, 다행이도 지금 대한민국은 1960년대 초 개인소득 80달러의 세계최빈국의 하나에서 3만 달러를 넘보게 되는 선진국 대열에 참여하고, 88올림픽을 개최하고, 월드컵 4위, 베이징올림픽 7위의 스포츠 강국, 세계경쟁력 4위, 한국기업 세계상품서비스 시장 점유율 1위 품목 8개(일본 9개, 중국 6개), 세계 4위의 자동차 생산, 세계인 30퍼센트 국산 텔레비전 구매, 세계 DM반도체 70프로 점유, 13만 명을 해외로 유학 보내고 50만 명을 유학생으로 받아드리고, 외국인 거주 174만명(2015년), 지하철, 인천공항 세계1등을 과시하며 원자력 발전을 수출하고, 2011년 20개국 정상회의(G20) 개최국으로 국력이 신장되었다.
1964년 1억달러 수출로 온 국민이 감개무량해 했던 것이 어제런 듯한데, 이러한 객관적인 사실은 근면, 성실한 국민성을 바탕으로 빨리빨리의 성취욕과 세계최고 수준의 교육열에 힘입은 바가 큰 것이다.

이러한 성공은 새마을 운동의 전개와 1,2차 경제개발의 성공적 이행, 때를 맞춘 중공업 정책 등을 들 수 있겠지만 그 이면에는 파독 간호원과 광부들이 흘린 땀, 월남파병으로 얻은 피의 대가, 모래벌판 중동에서의 특수와 섬유, 가발 등의 여공들의 손끝의 부드러운 힘의 결집으로 이루어졌다고 해도 지나친 말이 아닐 것이다.
아무튼, 거리엔 자동차가 넘치고 집집마다의 IT, IC강국으로, 선진국 문턱에서 서성이는 OECD회원국인 우리나라는 자랑스런 나라의 대열에 동참했음이 틀림없다.

기상학자 에드워드 로랜츠가 '베이징에서 나비가 날개짓을 하면 뉴욕에 허리케인이 불어올 것'이라고 말한 바 있지만 나라가 어려운 시기에, 17,8세의 어린 소녀들의 손끝으로 이루어 낸 바느질 땀을 뜨는 나비의 날개짓이 우리 경제를 살려내는 일익을 담당하여 글로벌기업 하나가 오늘날 북한 경제와 맞먹고, 우리나라의 하루 수출액이 북한의 연수출액과 맞먹는 상황에 이른 것이다.

이러한 나비 떼들의 날갯짓으로 볼 수 있는 근로청소년을 교육하는 일선에서 13년간 몸담았던 사람으로서, 이제는 삶의 질 향상과 비교적 교육기회의 균등이 이루어져, 한국적 현실에서는 다시는 태어날 수 없는 산업체 부설학교 및 산업체 특별학급의 탄생과 교육과정 및 그 실제의 모습과 종말에 관한 기록은 누군가 짚어내어야 할 역사적인 의미가 있고 사료로서도 충분한 가치를 가지는 것이라는 신념을 가지고 있다.

이에 산업체부설학교에 재직하면서 직접 수업을 담당하며 학교 행정을 책임졌던 필자는 뇌리에 각인된, 밤 수업 때 산업현장에서의 힘든 일로 피곤에 지친 학생들이 졸음에 겨워 책상 위에 얼굴을 묻었다가 고개를 들 때, 그 착한 눈과 발그레하게 상기된 두 볼은 이 세상에서 가장 아름다운 모습임을 확신하며 근로청소년 교육 현장에서의 보람을 정의교육 측면에서 기술하고자 하는 것이다.

산업체부설학교 설립

'평생교육 사회교육 근로청소년교육'

"내가 무얼 도와주면 좋을까?"
"학교 공부 못한 것이 한입니다. 영어 글씨를 몰라 어려움이 많습니다."
 기어코 가난을 내몰겠다는 박정희 대통령이, 옆에 있는 사람의 크게 하는 말소리마저 들리지 않는 기계음의 방직공장, 마산의 '한일합섬'을 방문했을 때, 생산 현장의 어린 여공에게 다가가 큰 소리로 묻는 말에 어린 소녀는 울먹이는 소리로 대답했다.
 당시, 소녀들의 작업은 합섬 섬유인 아크릴사를 뽑아내어 그 실로 담요, 스웨터 등을 만들어 수출하는 달러벌이로 나라의 찌든 가난을 물리치고 있었다.
 이에, 박정희 대통령은 김한수 사장에게
"돈 없어 공부 못한 한을 풀어줍시다."하고 다그쳤고 김한수 사장은
"예, 당장 회사에 야간학교를 개설하겠습니다."라고 화답했다.
 이렇게 해서 우리나라 최초의 산업체 학교인 마산의 '한일합섬'이 부설한 '한일여자실업고등학교'가 1974년에 탄생한다.
 사장 김한수는 이미 그의 고향인 경남 김해에 중학교를 세워 육영사업에 뜻을 두었던 경

힘이 있는 사람으로 믿을만한 기업인이었다.

'한일합섬'은 1964년, 마산시 양덕동에서 제계14위 까지 올랐던 우리나라 섬유산업의 선구이자 '한일그룹'의 모체로서 국내 최초로 아크릴 섬유 생산, 단일 기업 최초로 '1억달러수출탑' 수상(1973년) 등으로 우리나라 섬유산업의 견인차로서의 발달사와 함께 성장가도를 달린 기업으로 그 후에 김해, 대구, 수원, 구로 등에 2만여 명을 고용하는 대규모 공장을 세우고 공장마다 각기 부설학교를 설치, 근로청소년에게 일하며 배우는 터전을 마련해 주어 교육구국과 기업의 사회적 책임을 다한 기업이었다.

특기할 것은 개교식 때, 4,000여명의 학생들이 각자 자기고향에서 가져온 잔디를 옮겨 심어 '팔도 잔디 운동장'을 만들어 많은 사람의 입에 오르내리는 명소가 되었고 지방색을 뛰어넘어 하나가 되는 교육의 장으로서의 상징이 되었던 것이다.

마산 '한일여실고'는 한때, 105학급의 세계최대의 고등학교로 자리 잡아 운동장, 체육관 도서관 등의 학교 시설은 일반 학교를 앞질렀다.

그러나, 시대의 흐름을 어쩔 수 없어 5만여 명의 졸업생을 배출하고 2000년에 학교문을 닫았으나 수원의 '한일여자실업고등학교'는 '한일전산고등학교'로 이름을 바꿔 그 명맥과 전통을 이어가고 있다.

한편, '주식회사 대농'이 세운 '대농여자실업고등학교'의 후신인 '양백상고'는 2006년 2월 4일 제25회를 마지막으로 130명의 졸업생을 배출하고 총 졸업생 수 1만 3천명을 배출하고 문을 닫았다.

"그들의 하루의 일과는 주야간 3교대, 평균 취침시간 4시간 남짓, 겨울철에는 섭씨30도가 넘고 여름이면 섭씨48도가 되는, 귀를 찌르는 기계음의 현장에서 일하며 1980년대의 경우 월급 10여 만 원을 받아 적금 붓고 시골집에 생활비 부치고 군것질은 눈요기만으로 했다"는 수기는 우리들의 눈시울을 적시게 한다.

교육은 국민의 3대 의무의 하나이고, 국가가 책임져야할 공교육을 보완하는 역할분담의 사교육으로써 특히 이윤추구가 주목적인 기업에서 세운 산업체 부설학교 및 산업체 특별학급 운영은 국민 교육적 측면에서 국가사회의 당면과제를 푸는 현안인 동시에 해당기업으로서도 학교운영비의 손비처리 등 각종 특혜를 받게 되어, 안정적 인력확보와 기업의 이미지 개선을 하는 윈윈 게임이었다.

최근에는, 우리의 교육을 변전하는 사회 현실에 부응하고 시대적 요청에 맞도록 탄력성 있게 운영되어야 한다는 주장이 교육전문가들이나 사회 및 정치 지도자들의 공통된 의견이다. 곧, 사회 변천에 교육을 밀접히 관련시켜야 한다는 입장은 조국 근대화에 대한 국민적 열망과 근대화된 인간의 육성과 교육의 목표, 내용, 제도 등을 국가적 차원의 발전과 번영을 가져 올 수 있는 방향으로 지향되어야 한다는 말일 것이다.

국가 발전에 기여하는, 일하면서 배우는 근로청소년의 위치는 실로 중요한 의의를 갖게 된다.

근대화로 향하는 거대한 추진력은 교육에 의해 이루어지며 그 확정은 1960년대의 경제적 도약이 입증한다. 오늘의 수출 한국은 양질의 인적 자원, 당국의 행정력, 지도력이 원동력이 된 것도 사실이지만 특히 근로청소년들의 피땀 어린 노력의 결정이 이루어 놓은 금자탑이라고 해도 과언이 아닐 것이다. 당시 수출의 대종을 이루는 섬유, 신발류 등이 그들의 손끝에서 이루어 진 것이기 때문이다.

한국경제는 제1차 경제개발 5개년 계획기간 중에는 연평균 8.3%, 제2차 경제개발계획(1967-1971)에는 물경 연평균 10.5% 미증유의 성장률을 보였던 것이다.

한국 경제의 산업구조도 변모하여 2차 산업인 광공업 및 제조업, 특히 제조업 분야의 성장은 진실로 눈부신 것이어서 산업 구조가 2차 산업의 비중이 가장 큰 중진국형 으로 나아가게 된 것이다.

특히, 수출과 관련지어 볼 때 60년대에 하나의 이상으로 내세웠던 100억불 수출이 현실로써 확인 되었는데 이러한 변화를 이끈 주역 곧, 수훈갑은 누구인가?

물론, 선견이 있는 경제정책 입안자, 탁월한 행정 지도자, 세계 제1의 교육열, 세계적인 경제추세 등 여러 가지 요인들이 있겠지만 세계 어느 나라 청소년에게도 뒤지지 않는 부지런함과 익숙한 기능의 우리나라 청소년들의 공로로 귀결 되어야 할 것이다. 기능 올림픽을 연이어 제패하는 우리나라 청소년들의 놀라운 솜씨는 세계가 객관적으로 공인하고 있는 것이다.

좀 더 나은 사회는 청소년의 어깨에 달려 있으므로. 이들에게 일하며 배울 수 있는 기회를 마련해 주는 것이 급선무다. 왜냐하면, 이들에게 가장 절박한 것은 배움에 대한 욕구를 충족시켜 주고 사명감과 긍지를 심어주고 미래 지향의 인생관을 갖게 해 주어야 하기 때문이다. 우리는 근로청소년들을 생산성 제고를 위한 단순한 도구로 삼을 수는 없다.

산업체 부설학교나 산업체 특별학급의 경우, 그 자체 모순과 무리가 있으나 시의를 얻은 소망스런 제도이기에 국가적 차원의 자상한 통찰로 이 제도를 가꾸어야 하는 것이었다.

헌법 제31조 5항에 '국가는 평생교육을 진행하여야한다'고 규정하여 평생교육에 대한 국가의 의무를 명확히 하고 있다. 방송통신고등학교, 한국방송통신대학, 산업체부설학교 및 특별학급, 개방대학 등의 설립은 평생교육의 이념을 반영한 것이다.

사회교육은 전통형식을 벗어난 학교 교육으로 일반 학교에 취학할 수 없는 사람들에게 교육기회를 부여하기 위해 고안 된 것으로 위에 예거한 학교들이 해당된다.

근로청소년 교육은 1977년 3월부터 근로청소년 복지정책의 일환으로 '교육기본법'과 산업체의 근로청소년의 교육을 위한 '특별학급 등의 설치 기준령 및 시행규칙'에 의거하여 특별학급 및 산업체 부설학교를 설치 운영하고 있었다. 이는 근로청소년들에게 산업 현장에 적합한 교육을 받을 수 있는 기회를 제공함으로써 긍지를 심어 주고 사기를 진작시키며 나아가 생산성 향상에 그 목적이 있었다.

산업체 특별학급은 산업체 인근의 기존학교에 중, 고등학교 과정의 학급을 설치 운영하는 교육제도로 중, 고등학교 야간부와 유사한 교육 형태로서 근로청소년의 학력과 교양을 높여주고 근로의욕을 북돋워 주며, 나아가 산업 활동에 필요한 진보적 직업기술을 습득하도록 하는 데 있다. 1976년 교육법 개정에 따라 1977년부터 시행되었다.

산업체 부설학교는 입학 희망자가 매년 2학급 이상 예상되는 사업체에서 일하는 근로청소년들로서 연령제한 없이 해당과정에 무시험으로 입학할 수 있으며 교육비는 소속 사업주와 정부가 나누어 부담하고 있다. 그러나 실제로는 해당기업의 '손비처리'로 이루어 졌다.

전국의 산업체부설학교 및 산업체 특별학급은 1999년 현재 64개교에 1만5,145명에 달했으며 이듬해인 2000년 산업체 부설학교의 경우, 4,000명을 웃도는 학생들이 재학하고 있었다.

앞에서 말한 산업체부설학교의 효시인 '마산한일여자실업고등학교'의 뒤를 이어 충남방적의 '충일여고', 풍한방적의 '대덕여고', (주)삼풍의 '풍명여고', 동일방적의 '동일여상', 태광산업의 '태광여상', (주)경방의 '인경고', 대한모방의 '심의고', 대성모방의 '수영여고' 등이 우후죽순으로 태어나 전성기를 누리다가 최후로 부산의 시온실업고가 폐교됨으로써 산업체 학교는 대단원의 막을 내리게 된 것이다.

산업체 학교와 산업체 특별학급의 퇴장은 가난에 무릎 꿇지 않고 악착같이 일어섰던 오뚝이 정신의 근로청소년, 곧, 20년 전 우리 누나와 여동생, 오빠와 남동생의 이야기다.

이러한 시대적 요구의 교육적 수요와 공급의 측면에서는 어떠한 일들이 일어났는가?

그 시대상의 빛과 그늘을 알 수 있는 몇 가지 기록들을 들춰보는 것도 자못 의미가 있는 것이다.

구로공단의 전기회사에서 3년간 일하면서 산업체 부설학교에서 공부한 근로청소년 신경숙은 1990년대부터 한국 문단을 화려하게 장식한 대표적 작가로 군림하여 2008년에는 베스터 셀러 장편소설 '엄마를 부탁해'를 출간하여 헌신과 희생의 어머니의 모습을 그리고 있다. 그가 쓴 반자전적 소설 '외딴방'에서는 1970년대 후반의 구로공단 여공들의 삶과 생각을 묘사하는 글에서

"나의 공단 부설학교 짝은 원래 왼손잡이가 아니다. 사탕을 하루 2만개씩 비닐에 넣고 비틀어 싸느라고 오른 손 엄지와 검지에서 피가 나더니 마비되어 오른 손을 못 쓰고 왼 손을 쓰는 왼손잡이가 되었다는 사실과 홀어머니와 세 동생에게 돈을 부치느라 치약 하나로 3년 쓰는 여공의 일당이 큰 회사인데도 하루 600원 내지 1000원이던 시절을" 증언하고 있고, 공지영의 소설 '고등어'에서는

"거의 짠지와 소금국뿐인 식사, 산업체부설학교라는 이름이 좋아서 학교였다. 가장 값싼 노동력을 가장 쉽게 공급받기 위해서는 학교가 필수적이었다. 만일 ㄱ이란 공장에서 월급을 10 준다 해도 소녀들은 월급 8을 주는 산업체 부설학교가 있는 곳을 택했던 거였다. 공부하고 싶었지만 가난 때문에 그도 아니면 오빠나 남동생 때문에 서울로 보따리 하나 들고 밀려들었던 소녀들이 누렇게 시들어 가는 곳"이라고 현실에 바탕을 둔 작가의 상상력을 적고 있다.

어떤 산업체학교 졸업생은 '학교에 다닐 수 있다는 것을 미끼로 값싼 노동력을 확보하고 노동자들의 인간다운 삶을 위해서는 필수적인 노동조합 결성을 봉쇄'하는데 그 목적이 있다고 부정적으로 극언하는 사례도 접할 수 있었다.

다음은 충남방적 부설의 충일여고가 폐교되는 것을 아쉬워한 글이다.

필자가 어렸을 적엔 살기가 어려웠습니다. 하여 당시 동네의 누나들은 고작 초등학교만 졸업하고 대부분 인근의 방직공장 내지는 버스 안내양(속칭 차장)으로 취직하는 일이 다반사였습니다.

오래전에 동남아 어느 나라인가로 그 공장을 옮겼다고 하는 데, 여하튼 당시에 제가 살던 동네엔 충남방적이라는 아주 큰 공장이 하나 있었습니다. 그래서 그 공장에 다니면서 돈을 벌어 부모님에게 생활비를 드리고 동생들의 학비를 보태야 했으며, 장차 자신의 혼수비도 모아야 했으니 가히 험산준령의 협곡이 다름 아니었을 것입니다.

하지만 그처럼 심신이 고단했음에도 불구하고 그 누나들은 회사에서 운영했던 산업체 부설학교가 있었음에 주경야독을 할 수 있었던 것입니다. 하여 지금은 당시의 그 배움이 밑알이 되어 과거사를 반추하며 떵떵거리며 사는 누나들도 적지 않을 것입니다.

그런데 이제 이곳 대전지역에서도 마지막으로 하나 남은 산업체 부설학교인 '충일여고'가 졸업식을 끝으로 결국 폐교하고 말았다는 슬프고도 우울한 소식을 접했습니다. 어제 졸업한 충일여고의 졸업생은 고작 3개 학급에 21명이었다고 하는데 과거 충일여고의 학생 수는 엄청나게 많았습니다.

물론 그땐 방적공장의 인기가 하늘을 찌르던 때였기 때문이었겠지만 말입니다. 여하간 어제의 졸업식에서 교장선생님의 훈화에 이어 졸업생들이 눈물바다를 이뤘다는 로컬방송을 보자니 가슴이 뭉클 했습니다. 그러니, 지난 1979년 개교한 이래로 26년 동안이나 학교를 지켜 오신 교장선생님의 심경이야 오죽 했을까 싶습니다.

충남방적의 충일여고는 실업계로 출발해 지난 1984년 인문계 고교로 전환 했으며 한 때는 100학급 이상의 학급이 운영될 만큼 번성했던 학교였습니다. 하지만 모기업인 충남방적의 경영난과 학생 수 감소가 겹치면서 점차로 어려움을 겪었던 같습니다. 충일여고의 폐교로 인해 80년대 후반 7개나 됐던 대전지역의 산업체 부설학교는 이제 문을 닫았다고 합니다.

비록 학교는 문을 닫았지만 공장을 다니면서 주경야독으로 공부했던 이들은 영원히 산업체 부설학교를 잊지 못할 것입니다. 그동안 숱한 산업역군을 길러내며 동량까지도 양성했던 산업체 부설 고교의 노고에 심심한 사의를 표합니다.

이제 그 같은 산업체 부설학교를 다시 본다는 것은 사실상 무리라고 봅니다. 비록 학교는 사라졌으되 그 학교를 졸업한 많은 분들의 가슴 속에는 그 학교가 영원히 살아 숨 쉴 것이라고 믿습니다.

추억과 그리움을 영원히 지워지지 않는 화석이기에 말입니다. (홍경석)

1970년대 봉재공장들은 으레 밤 10시까지 잔업을 시키면서 '보름달빵'을 하나씩 나눠줬다.

여공들은 이내 허기가 졌지만 배 주리는 고향의 부모형제 생각에 빵이 입안으로 넘어가지 않았다. 쉽게 상하는 빵은 모아 둘 수가 없어서 생긴 게 '빵계'다. 빵은 그날의 계 꾼 한 명에게 몰아 줘서 곧바로 시골집에 부치기로 했다.

역사는 반복되고, 배고픔의 설움도 전승되는 것인지, 이 '보름달빵계'는 개성공단에서 일하는 북한노동자들이 간식으로 나누어 주는 쵸코파이를 한 사람에게 모아주는 '초코파이빵계'로 이어졌다고 한다. 안타까운 현실이 아닐 수 없다.

밤을 새우는 특근 때는 잠을 쫓으려고 작업대에 널린 각성제 타이밍을 주전부리하듯 삼켰다. 각성제 부작용 '타이밍 중독'이 예사였다.

여공들은 가족을 돌본다는 자부심으로 '공순이'라는 손가락질을 이겨내었다. 그러나 딸 가르쳐야 소용없다는 낡은 생각 탓에 학교도 포기하고 오빠나 남동생의 학비를 대야했던 것만은 견디기 힘든 아픔이었다. 여공들은 하얀 칼라의 교복을 입고 거리를 활보하는 꿈을 밤마다 꾸며 신열을 앓았다. 숙식과 학비를 모두 대주는 산업체 부설학교가 그 꿈을 이루는 배움터였다. (오태진)

그 시대 여공들 / 얼굴은 형광 불빛아래 희고 / 차라리 아름다웠다.
공룡 뼈다기처럼 / 험상궂은 공장 굴뚝들만 / 치솟은 구로동 하늘아래
포장마차 카바이트 불빛에 / 얼비추인 여공들
얼굴은 그렇게나 / 창백하였네라

이수화의 시 '뜨거운 눈물'의 부분이다.

화재 예방을 위한 조치로 개별 기숙사방의 전기 콘센트를 없애버리어 헤어드라이로 젖은 머리도 말릴 수 없고 커피포트도 사용할 수 없어 물을 끓여 커피 한 잔 마실 수 없는 불편을 참고 기숙사에서 생활했던 우리들의 누이와 딸들, 후진국 대한민국을 선진국 문턱으로 끌어올린 결정적 요인인 '나비의 날개 짓'이 만들어 낸 태풍은 한국 경제를 일으키는 위대한 한 줄기 바람이었다.

부모형제를 위해 가난이 찌든 시골집에서 먹는 입 하나라도 덜기위해 '앉아 울 자리가 없어 서서 울던 서울(박찬중의 '정례생각')과 도시로 나와 오달지게 자신을 희생했던 소녀들,

방학은 있었지만 공장 기계는 멈추지 않아, 로울러에 손가락이 들어갈 까봐 잠을 쫓느라 허벅지를 멍이 들도록 찔러 대었고, 돈 한 푼 없는 시골집 아버지가 딸에게 돈이 떨어지면 말하라고 하여 눈물이 났고, 밤 수업의 선생님 말씀이 자장가로 들릴 수밖에 없던 우리들의 작은 영웅들이 이룬 성취를 결코 과소평가할 수 없다.

'한일여자고등학교'에서 공부하며 섬유공장에서 3교대로 실을 뽑던 '이점자'는 유럽 오패라 무대를 장식하는 '베세토 오페라단'의 프리 마돈나가 되어, 2002년 서울 예술의 전당 오페라 극장에서 '카르멘'을 공연한 바 (김인만), 그녀의 세계적인 성취를 우리는 기억해야 할 것이다.

모기업, 주식회사 삼풍

 맨주먹으로 일군 불하사업체인 '삼양기업사'를 10년 남짓 운영해 오던 김삼석 사장은 1966년 6월 10일 '삼풍섬유공업주식회사'를 설립하고 1976년 '주식회사 삼풍'으로 사명을 변경하고 사훈을

-나날이 향상하여 세계 정상에 오르자
-성실과 근면으로 내실 있는 인간이 되자
-화목 단결하여 직장 낙원을 만들자

로 정하고 수출보국의 기치 아래 기업운영에 매진한다.
 '주식회사 삼풍'은 (주)캠브리지, 동산진흥주식회사, (주)뉴보를 자회사로 두고 해외 현지 법인으로 엘살바도르에 삼풍 살바(SAMPOONG SALVA), 북마리아나 제도 사이판에 삼 마리나스(SAM MARIANAS), 도미니카에 브랜우드(BRENTWOOD), 과테말라에 삼 아트란티카(SAM ATLANTICA)와 삼 브릿지(SAM BRIDGE), 중국 진황도에 '삼진서복유한공사' 심천에 '삼정복장유한공사', 멕시코에 시멕스라나(CIMEXLANA) 등을 세워 한국의 신사복의 위상을 세계인에게 알린다. (첨부: 지역별 봉재품 수출실적)

지역별 봉제품 수출실적

(단위 : US $ 1,000)

	1982	1983	1984	1985	1986	1987	1988
아시아	453,804	311,336	415,438	455,757	742,390	1,317,198	2,600,459
中東	117,319	149,268	131,385	152,718	131,446	164,474	199,140
유럽	959,165	851,103	858,657	795,246	1,224,683	1,914,511	1,935,375
北美洲	1,737,791	2,010,495	2,613,348	2,511,991	2,927,940	3,668,377	3,435,458
中南美	91,774	57,591	63,548	49,499	58,018	64,694	47,376
아프리카	105,216	70,327	75,961	62,651	50,414	52,543	104,866
大洋洲	45,345	43,041	60,282	45,191	49,382	64,045	57,281
기타	47,823	46,485	47,381	126,508	64,287	44,992	68,616
계	3,558,237	3,539,666	4,265,990	4,199,561	5,248,560	7,290,834	8,448,571
성장률(%)	0.1	△0.5	20.5	△1.6	25.0	38.9	15.9

　1960년대 이전의 한국 경제는 후진 농업국에 머물러 만성적인 빈곤의 악순환이었다. 그리고 인플레이션과 외국 원조에 목줄을 대는 소비 경제에, 급속한 인구 증가와 높은 실업률은 한국 경제의 위기 그 자체였다.

　이에 1962년 1월, 제1차 경제개발 5개년 계획(1962-1966)은 경제기획원에 의해 확정된 것으로, 이어 20년에 걸쳐 네 차례의 개발과정은 대외 지향적 공업화 전략으로 절대빈곤 등의 개인 기본 생활의 욕구를 어느 정도 해결하고 후진 농업국에서 신흥공업국으로 발돋움하는 계기를 마련했다고 할 수 있다.

　첨부한 '1, 2차 경제개발 계획의 비교'에서 그 중점적인 목표는 크게 일곱 가지로

1. 전력, 정유, 석탄 등 에너지 자원의 확보
2. 농가 소득의 향상과 국민 경제의 불균형 시정
3. 철도, 항만 등 사회 간접 자본의 확보
4. 시멘트, 비료 등 기간산업의 건설

5. 고용의 증대와 국토의 보전과 개발

6. 수출증대를 주축으로 하는 국제 수지의 개선

7. 저생산성을 극복하는 기술 개발

등으로 나누어 볼 수 있다.

더구나 1965년 한일회담이 타결되어 민간 차원의 차관도입이 가능해 지고 월남 파병으로 인한 월남특수로 인한 호황 분위기가 감돌기 시작했다.

특히 1968년 2월 기공하여 2년 5개월 만에 완공된 경부고속도로는 공업화를 향한 국민과 정부의 합일된 의지의 표출이며 기념비적 쾌거였다.

제 1차 계획 연도의 성장률은 7.9%, 제 2차 계획 연도는 9.7%이며 1인당 GNP도 1967년 142달러에서 71년에는 279달러로 치솟았다.

특히 제조업은 22%의 높은 성장률을 기록하여 경제 성장과 산업구조 개선, 급속한 수출 신장을 이끄는 원동력이 되었다.

수출드라이브 정책과 한국 경제 (첨부:1960년대의 한국경제지표)

1960년대 한국경제지표

	통화증가율 (%)	도매물가 상승률(%)	산업생산지수 (증감률:%)	수 출 (백만달러)	수 입 (백만달러)	경상수지 (백만달러)	환 율 (달러 당)	은행정기예금 금리(%)
1960	-	5.8	8.1	32.8	343.5	-	65.00	10.0
1961	57.7	13.2	2.9	40.9	316.1	33.1	130.00	15.0
1962	10.0	9.4	16.7	54.8	421.8	△ 55.5	130.00	15.0
1963	6.3	20.5	14.3	86.8	560.3	△ 143.3	130.00	15.0
1964	16.7	34.7	8.3	119.1	404.4	△ 26.1	256.02	15.0
1965	34.2	10.0	5.8	175.1	463.6	9.1	272.06	26.4
1966	29.7	8.8	23.6	250.3	716.4	△ 103.4	271.46	26.4
1967	44.5	6.4	30.9	320.2	966.2	△ 191.9	274.60	26.4
1968	44.6	8.1	36.0	455.4	1,462.9	△ 440.3	281.50	25.2
1969	41.7	6.9	20.7	622.5	1,823.9	△ 548.6	304.50	22.8
1970	22.1	9.2	11.6	835.2	1,984.0	△ 622.5	316.70	24.0
1971	16.4	8.6	16.3	1,067.6	2,394.3	△ 847.5	373.00	24.0

자료: 한국은행

한국은 부존자원이 부족하고 국내 내수시장이 좁아 경제 성장은 수출을 통해서만이 가능하며 수출 또한 공업화가 관건이라는, 이른바 "수출은 성장의 엔진(한국경제의 현실과 진로(조순)"이라는 발상의 정책이 기조가 되었다.

따라서 제1차 계획의 수출증대에서 제2차 계획에서는 이를 통한 공업화 전략으로, 이후 3,4차 계획에서는 '수출주도형 중화학공업육성', '기술 및 숙련노동 집약적 산업육성'의 성장 전략이 추진되었다. (첨부:1,2차 계획기간 국제수지 추이)

1, 2차 계획기간 중 국제수지 추이 (단위 : 백만달러)

	1962	1963	1964	1965	1966	1967	1968	1969	1970	1971
경상수지	-55	-143	-26	9	-103	-192	-440	-549	-623	-848
무역수지	-335	-410	-246	-241	-430	-574	-836	-992	-922	-1,046
무역외수지	43	7	24	46	107	157	169	197	119	28
이전거래(순)	236	260	195	203	220	225	226	246	180	171
장기자본(순)	8	70	29	37	212	201	434	594	501	512
기초수지	-48	-73	3	46	109	9	-7	45	-122	-336
단기자본(순)	-7	18	-4	-23	6	86	13	57	122	135
종합수지	-57	-56	-2	21	115	118	-14	94	-4	-188
외환보유고	167	130	129	138	236	357	391	553	610	568
대미환율(원)	130	130	256	272	271	275	282	304	317	373

자료 : 경제기획원
주 : 63년까지는 공정환율, 64~71년은 한국은행집중기준율

1960년대 초, 농산물 위주의 고작 4천만 달러에 불과했던 수출은 1966년에는 2억 5천만 달러에 이르렀고 1971년에는 약 11억 달러의 눈부신 성장을 기록했다. (1961년의 세계 수출비중이 0.03%였으나 제4차 경제개발 5개년 계획을 마감한 1981년에는 1.13%를 차지하는 비약적인 발전을 기록한다.)

제1차 경제계획 기간 중 연 평균 44%를 기록한 높은 수출신장률, 그리고 수출 총액에서 차지하는 공산품의 비중이 1961년의 22%에서 1966년 62%로 크게 높아져 수출 구조가 개

선된 것은 정부의 강력한 수출드라이브 정책에 힘입은 바가 큰 것이었다.

제2차 경제계획 기간의 한국 경제의 성장의 모습은 공업화에서 찾아 볼 수 있다.

이 기간 중 수출은 연평균 34% 신장했으며, 총수출에서 차지하는 공산품의 비중이 1967년의 70%에서 1971년에는 86%로 늘어난 것이다.

1966년은 제1차 경제개발 5개년 계획이 끝나는 해였다.

동년 7월 29일 경제기획원은 제2차 경제개발 5개년계획을 확정 발표함으로써 경제개발 의욕에 지속적 박차를 가하였다.

1966년 정부는 1인당 GNP를 126달러로 발표했는데, 경제개발계획이 시작되기 전의 1961년 83달러에 비하면 엄청난 성장이었다. (첨부: 1,2차 경제개발계획 비교)

韓國 1, 2차 경제개발계획 비교		
	제1차 경제개발 5개년계획(1962~1966)	제2차 경제개발 5개년계획(1967~1971)
계획의 기조	① 사회·경제적 악순환 시정 ② 자립경제 달성의 기반 구축	① 산업구조의 근대화 ② 자립경제 확립
경제성장율(실적 : %)	7.1 (7.9)	7.0 (9.7)
개발전략	① 농업생산력 증대에 의한 국민경제의 구조적 불균형 시정 ② 에너지 공급원의 확보 ③ 기간산업 확충과 사회간접자본의 충족 ④ 유휴자원 활용 ⑤ 국제 수지 개선 ⑥ 기술의 진흥	① 식량자급과 수자원 개발 ② 공업 고도화의 기반 조성 ③ 7억불 수출과 수입대체 촉진 ④ 고용증대·가족계획 추진·인구 팽창 억제 ⑤ 영농의 다각화와 농가소득 향상 ⑥ 과학과 경영기술 진흥·생산성 향상
공업화 기조	공업화 출발의 기반 정비	대외 지향적 공업화
추진 방식	① 자유기업의 원칙 ② 지도받는 자본주의 체제	① 시장경제의 원칙 ② 시장경제의 단점 시정

자료 : 大韓民國 政府

'힘센 국가를 세우기 위해서는 경제강국이 되어야 한다'는 신념으로 무장한 김삼석은 수출 산업을 중점 육성하고자 하는 정부의 정책과 섬유 제품의 해외 수요 증대 등 당시 시대의 흐름을 빠르게 간파하고 1960년대와 1970년대의 한국 경제 발전의 원동력이었던 섬유산업, 그 역사의 주역으로 우뚝 서게 된 것이었다.

서울특별시 중구 을지로 2가 59번지에 본사를 둔 '삼풍섬유공업주식회사'는 1966년 7월 서울 '민사지방법원 등기번호 제7370호'로 등기를 마쳐 법인의 면모를 갖추고 당시 경기도 시흥군 안양읍 안양리 246번지 일대에 공장부지를 매입하고 6월7일 정관을 작성한다.

사업목적란에는 '섬유가공 제조판매', '수출입업', '위 부대사업일체'가 명기되었다.

밝아오는 새 아침에 솟아나는 힘을 모아
정성들인 우리 열매 세계로 뻗어간다.
힘차게 다지자 삼풍의 기틀
다 같이 빛내자 우리의 삼풍

김동진 작곡의 '삼풍사가'에서 드러나듯이 이 노래를 작사한 김삼석 회장은 세계로 뻗어가는 수출보국의 입지를 세운 것이다.

그리하여, 1975년 2월 25일 여러 가닥의 선이 뫼비우스의 띠처럼 모여 둥근 삼각형을 그리고 있는 울마크(Wool Mark:국제 양모사무국 공인 마크)를 국내 최초로 획득하여 한국의 신사복 기술을 단 번에 선진국 수준으로 끌어 올리고 해외 바이어나 고객들에게 제품에 대한 신뢰도를 높이고 수출시장 다변화의 계기를 마련하고 정상적이고 합리적인 수출가격 체계를 굳히고 종업원의 자긍심을 드높였다.

1988년은 서울 올림픽이 개막(9월17일)되고 국민 연금제, 최저임금제가 실시된다(1월1일). 이 시기에 주식회사 삼풍은 선진 기술 도입에서 기술 자립으로 거듭되는 수출신장을 이어가게 되어 우리나라 총 수출액 60,696,000,000달러의 0.10%인 62,188,866달러를 수출하는 전성기를 누린다.(첨부: 신사기성복 봉재 지도규격)

1978년에는 문교부가 정식 인가를 한 산업체 부설학교인 '삼풍부설중·상업고등학교'가 설립된다.

'성실, 근면'을 교훈으로 삼은 '삼풍부설중·상업고등학교'(풍명중·실업고등학교, 풍명여자고등학교로 교명 변경)는 배우고자 하는 의욕은 있으나 배움의 시기를 놓친 종업원들에게 일하면서 공부할 수 있는 기회를 주어야 한다는 김삼석 회장의 평소 생각이 표면적으로 구체화 된 것이었다.

특이한 것은 1980년의 중학교는 20세 이상의 3학년 학생이 24명이나 되었고 고등학교의 경우, 입학생 240명 중 남학생이 47명이었다. 이로써 학교 설립 3년 만에 중학교 5학급 292명, 고등학교 9학급 508명으로 전교생 수 800명의 큰 규모의 학교로 발전한다. (첨부: 학생 연령별 분포)

그룹 부설 중·실고 학생 연령별 분포
(1980. 3. 1 현재)

	학년	13이하	14	15	16	17	18	19	20	21	22	23이상	계
중학교	1	2	5	13	14	15	10	1					60
	2		2	6	21	34	32	19	3	1	1		119
	3		2	2	3	17	26	36	13	6	3	2	112
	계	2	9	21	38	66	68	58	16	7	4	2	291
고등학교	1	6	25	85	68	36	12	6	2				240
	2		11	20	40	42	27	19	1	1			161
	3			2	2	17	44	23	9	10			107
	계	6	36	107	110	95	83	48	12	11			508

1980년대에 들어서자 안양공장 종업원들의 학력이 크게 높아져 1982학년도의 입학생을 마지막으로 중학교 과정의 필요성이 없어져 1985년 2월 25일 졸업생 60명을 끝으로 풍명중학교는 폐교되고, 풍명실업고등학교는 의류과로 개편되면서 획기적인 전기를 마련한다.

교육법에 의거 '고등보통교육과 의류에 관한 전문교육'을 실시함을 목적으로 학급 수를 각 학년 의류과 4학급, 총 12학급 720명을 정원으로 하는 내용이었다.

그러나 고등학교 2, 3학년의 경우는 아직도 상업고등학교 커리큘럼으로 필수와 선택으로 배정된 상업대요, 상업법규, 부기, 상업계산, 상업실천, 상업미술 등 12시간의 수업이 원활하게 이루어 지지 못했다. 교과과정 변경의 과도기이기 때문이다. 담당 교사의 부족과 교육 경험의 부족에서 오는 시행착오는 피할 수 없는 현실이었다.

그러나 교과 과정을 의류과로 개편한 후 의류봉재의 현장과 제도 교육이 연결된 산학협동의 유기적 교육 시스템이 이루어지게 되고 교사진이 보강되었는데, 이미희, 박해용, 장사직, 최병두, 이명환, 강순애, 정혜숙, 박미자 등이었다.

당시 의류과 1학년 학생의 필수과목은 의복재료 및 정리, 의상, 의상제도, 도안과 색채 등 12시간 그리고 종합실습 8시간으로 짜여졌다. 따라서 의류과 교사를 중심으로 최경순, 이

강숙, 최기숙, 한미숙, 이수민, 박성재, 최명희, 이혜경, 조선영, 김남숙 등이 대폭 교사진에 보강되었다. (첨부: 의류과 전문교과 시간 배정표)

교과명		기준단위시간	본교실시단위시간					
			1학년		2학년		3학년	계
필수교과	피복재료및정리	4-18	2	2	2	2	2	2	12
	의 상	4-10	4	4	1	1			10
	의상제도	4-16	4	4	1	1	1	1	12
	도안과색채	4-16	2	2	1	1			6
	종합실습				6	6	6	6	24
	소 계	60-70	12	12	11	11	9	9	64
선택교과	한 재	8-60					2	2	4
	양 재	8-60			3	3	2	2	10
	편 물	8-60			2	2			4
	수 예	8-60					2	2	4
	수예염색	2-12					1	1	2
	소 계	32-96			5	5	7	7	24
합 계		102-156	12	12	16	16	16	16	88

주: 필수 교과 중 종합실습 24시간은 산업체 현장실습으로 대치함.

학교 체제가 제대로 갖춰짐에 따라 학교 운영은 활기를 띠게 되어 예체능 활동도 정상화되어 1983년 12월 6일 안양상공회의소 주최 제7회 건전가요합창대회에서 최우수상, 1984년 6월 1일 제1회 근로문학상을 석권하였다.

1988년에는 졸업생 총 수가 1,396명을 기록하고 매년 대학 진학자 수가 늘어났으나 대부분의 졸업생들은 배움의 터전을 마련해 준 생산현장에 남아 한땀한땀 노련한 기능의 산업역군으로 남아있었다. 그 결과 1988년엔 '5천만불 수출탑'을 수상하고 수출 US$ 62,188,188,866돌파의 대기록을 세우는 밑바탕이 되었던 것이다. 이는 숙련된 '노'와 세련된 '사'의 정성이 이뤄낸 합작품이었다.

그러나 1998년 개국 이래 최대의 위기인 IMF(국제통화기금)사태는 금리상승, 물가불안, 기업도산, 주가하락, 환율 널뛰기 등 국가경제 전반이 흔들리는 환란이 불어 닥쳤고 섬유 의류 산업계에도 예외는 아니어서 모기업 (주)캠브리지(삼풍)도 비상사태에 돌입하였다. 조직정비를 통한 인원 감축, 외부 의탁 임가공, 비효율 매장을 철수하고 '수지공장'과 '동해공장'을 폐업하고, 안양공장을 충북 음성으로 축소 이전하고 안양공장 부지(학교 부지) 등 보유 부동산을 매각하고 사세를 키워 온 명품 브랜드인 '포말', '엑스 게이트', '아쿠아스큐텀'을 버리고 '캠브리지 멤버스', '브랜우드', '에딘버러', 캔 컬랙션', '인티즌'의 다섯 개의 브랜드만 주력으로 삼는 긴축 정책을 폈다. (첨부: 대표 브랜드)

이대로는 안 되겠어

1980년대는 군사 독재가 기승을 부렸다. 중앙정보부장 김재규가 박정희 대통령을 시해한 '부루터스 너 까지도'의 한방의 총성이 들린 후의 한국 사회는 혼란을 틈탄 억압의 소용돌이였다.

그때는 연세대와 이화여대 캠퍼스 사이에 있는 동네인, 서울시 서대문구 대신동 47번지에 자리한 이화여자대학교 사범대학 부속고등학교에 교사로 재직하고 있던 시기였다.

무시로 최류탄이 연발로 터져 교실 창문을 닫고도 눈물을 흘리며 칠판에 판서를 해야 하는 수업의 연속이었다.

1교시에 50분 수업을 주당 36시간, 매달 치르는 월례고사의 출제와 채점, 통지표 발송, 72명의 담임반 학생으로 교실에 발 디딜 틈이 없는 빼곡한 책걸상은 숨이 막힐 지경이었다. (당시 남녀공학인 이대부고의 2학년은, 여학생의 문과반 선호로 문과반 70명 안팎 이과반 50명 이내였다.)

'이대로는 안 되겠어, 무언가 어떤 탈출구가 있어야 겠어'하는 심정이었는데 안양시에 있는 풍명실업고등학교에서 근로청소년 교육의 책임을 맡아보는 것이 어떻겠는가고 의향을 묻는 대학 후배인 김성락 선생의 제안이 들어와 눈을 번쩍 크게 뜨게 되었다.

사람이 세상에 태어나 무언가 보람 있는 일을 해야 하는데, 서울의 고등학교에서 교편생활을 하는 것이 하찮은 것이 아니지만 더 큰 보람을 찾는 일은 남이 꺼리는 일, 금방의 주판알로는 마이너스이지만 큰 안목으로 보아 풀러스가 되는 일, 나보다 더 여리고 못 가진 자에게 관심을 갖고 사랑으로 접근하는 일, 배움에 굶주린 어린 소녀를 교육하는 일은 의미가 있다. 그래 바로 이거다. 하는 생각이 나를 지배하기 시작했다.

특히 풍명실업고등학교를 설립한 주식회사 '삼풍'의 김삼석 회장은 경남 밀양의 세종중학교에서 교직 경력이 있는 성실, 근면한 CEO란 점에 신뢰와 호감이 갔기 때문이다.

1980년대는 교육부문에서 교육세 신설(1981), 유아교육 진흥법(1982), 사회교육법제정(1982), 개방대학 및 산업체 부설학교 설립 등으로 교육이 활력을 찾는 계기를 마련하였다.

1980년 신학기에 본인이 부임한 '삼풍부설중·실업고등학교'는 1977년 '동양중·고등통신학교 삼풍분교'가 모태가 되었다. 이 '동양중·고등통신학교'는 1978년 3월17일, '삼풍부설중·상업고등학교'라는 교명의 주식회사 삼풍의 산업체부설학교로, 모기업 (주)삼풍과자 회사인 동산진흥주식회사와 (주)뉴보에서 일하는 근로청소년들을 받아들이어 개교하고, 1980년 1월 10일 '삼풍부설중·실업고등학교', 1981년 2월 12일 풍명중·실업고등학교로 교명을 바꾸면서 고교과정을 의상과 과정으로 개편한다. 1991년 3월1일 풍명고등학교로 교명을 변경하고 1985년 2월 28일 중학교 폐교, 1998년 2월28일 고등학교마저 문을 닫게 된다.

'우리는 가난과 역경 속에서 배움의 열망은 간절했으나 뜻을 이루지 못했습니다. 그러나 좌절과 절망도 하지 않고 성실히 살아왔습니다.

약한 자에겐 시련은 좌절의 계기가 되고, 강한 자에게 시련은 강한 의지력을 길러준다는 교훈을 우리는 알기 때문입니다.

우리는 가난합니다. 그러나 오직 한 가지 우리에게 풍부한 것이 있습니다.

그것은 우리의 성실과 우수한 두뇌입니다.

배고픈 자에게 빵이 필요하고 목마른 자에게 물이 필요하듯 우리에겐 지식이 너무나 필요했습니다.

오늘 소망의 문이 열려 우리는 학생이 되었습니다.

일하면서 배우고 배우면서 일하여 훌륭한 민족의 아들딸이 되어 국가와 민족에 이바지할 것을 다짐하며, 학교의 제반 규율을 준수하고 학업에 전념할 것을 엄숙히 선서합니다.'

윗글은 풍명실업고등학교의 전신인 동양중·고등통신학교 신입생들의 선서문 전문으로 그들의 배움에의 열망이 얼마나 목마르고 간절했는지를 알 수 있다.

평소에 기업도 배움의 시기를 놓친 종업원들에게 일하면서도 공부할 수 있는 기회를 주어야 한다는 생각을 가진 당시 김삼석 사장은 4년 전 개교한 산업체학교인 마산의 '한일여실고'를 본받아 부설학교를 개설할 것을 총무담당 상무 정건영과 통신학교 교장인 이종택에게 지시했다.

1978년 1월 24일, 삼풍부설중·고등학교 설립인가 신청서를 문교부(교육부)에 제출하고 동년 2월7일 문교부는 교육법 제85조 및 제 103조의 4, 동 107조 4의 규정에 의거 '삼풍부설중·상업고등학교' 설립을 인가했다.

중학교는 각 학년 2학급, 학급당 60명으로 총 360명이고 상업고등학교는 각 학년 1학급, 학급당 60명 총 180명이었다.

이는 당시 현실이, 중학교에 진학하지 못한 근로청소년이 중학교를 졸업하고 고등학교에 진학하지 못한 근로청소년보다 훨씬 많았던 추세임을 드러낸다.

'삼풍 부설 상업학교의 학칙'은 다른 산업체 부설학교의 학칙과 차이점이 별로 없는 공통

점을 갖고 있다.

　　일반 중고등학교 학칙과 구분되는 요소로는

　제1조에서 근로청소년에게 고등보통교육과 전문교육을 실시함을 밝혔고

　제5조에서 입학자격이 부설학교의 모기업에 취업 중이어야 하나

　제23조에서 소속회사에서 퇴직한 경우에도 학교 수업을 계속할 수 있으나 1년이상 재직한 자로서 1학기 이상을 수료한 자이어야 하고

　제26조에서 퇴직한 재학생으로서 본인 부담 수업료를 정당한 사유 없이 6개월 이상 납부하지 아니하면 퇴학을 명할 수 있고

　제27조에서 퇴직한 재학생은 문교부령에 의한 수업료를 납부해야한다고 규정하고 있다.

　그러나 본인이 교사로 재직했던 13년간 한 번도 학생이 기업에서 퇴직한 경우 개별적으로 수업료를 징수한 일이 없었고 졸업이나 학년 진급까지의 나머지 기간의 기득권을 인정해 주었고 대부분의 경우 퇴사의 경우 퇴교의 수순을 밟았다.

　해가 갈수록 치솟는 근로청소년 종업원들의 향학열로 인해 고등학교 입학 희망자가 100명이 넘어 도저히 1학급으로는 수용이 불가하여 (주)삼풍 이사회는 고등학교의 학급증설을 결의하고 1978년 3월 30일 경기도 교육위원회로부터 학칙 변경을 인가 받고 각 학년 2학급씩 총 6학급 360명으로 증원하기로 하였다.

　1978년 3월 17일, 드디어 삼풍부설중·상업고등학교의 제1회 입학식이 성대하게 열렸다.

　다림질한 교복을 단정하게 차려 입은 중학교 신입생 120명, 고등학교 60명의 입학생들의 표정은 너무나도 숙연했고, 입학식장에 참석한 회사 임원과 소속 부서의 실장과 동료, 안양시 부근의 학부모들은 가슴 뿌듯한 감동을 느끼고 있었다.

　이어 동년 4월 6일에는 1학급 60명이 추가로 입학하여 전교생 240명으로 학교체제를 갖

추었다.

4월 6일에는 제1대 박용근 교장이 취임하여 학교 행정을 이끌었다.

그러나 교실 사정이 여의치 않아 안양공장 신축 식당을 중학교 교실로, 제2공장 7상의 자리를 고등학교 임시 교실로 활용하고 중학교 32시간, 고등학교 50시간이 과목별로 배정되었다.

당시 교사진은 황경희, 김영숙, 김정옥, 김정권, 유세환, 오명교, 민선기, 김영미, 이재열 등이였으며 설립자의 지대한 관심으로, 미비된 각종 교구 설비를 갖추면서 '성실, 근면'의 교훈을 지표삼아 교육 활동을 펴나가는 활기찬 교육의 현장이었다.

학생들의 뜨거운 배움에의 열망과 요구의 충족에는 시설미비와 경험 부족에서 오는 시행착오가 많았다.

중학교의 경우는 큰 차질이 없었으나 고등학교의 경우는 전문 과목 중 필수와 선택으로 배정된 상업대요, 상업법규, 부기, 상업계산, 상업실천, 상업미술 등의 12시간의 수업이 원활히 이루어지지 않았다.

이는 전공 담당교사의 부족과, 교사의 상치과목 수업 등 신설 학교의 문제점들이 그대로 노출되었고 그 보다는 상업교육 자체가 신사복을 만드는 생산현장의 학생들의 배움의 길과는 동떨어진 점이 문제였다.

이 점을 파악하여 1980년 1월 10일 교명을 '삼풍부설중·상업고등학교'에서 '삼풍부설중·실업고등학교'로 변경하고 고등학교는 '의상과 교과과정'을 선택한다.

또 다른 문제는 종업원들의 학력수준이 높아져서 중학교 입학지원자의 수는 2학급 수준에 무리가 없었으나 고등학교 입학지원자 수는 절대 다수가 증가되었다. 이들에게 고등학교 과정의 교육을 받게 하려면 학급증설이 급선무였다.

이와 같은 문제점을 해결하기 위해 1979년 1월 9일 경기도교육위원회로부터 학칙변경을 인가받아 각 학년 3학급에 학급당 60명 총 학생정원 540명의 학교로 발전하게 된다. 동년 3월 7일에는 제2회 입학식이 거행되어 중학교 119명, 고등학교 161명이 입학했다.

　학급과 학생 수가 대폭 늘어나자 여러 명의 교사진이 보강되어 이미희, 박해용, 장사직, 최병두, 이명환, 강순애, 정혜숙, 박미자 등이 부임하였다.

　드디어 1979년 5월 16일, 안양공장 사무실에 잇대어 지은 지하1층, 지상 4층의 신축교사가 준공을 보게 되어 명실 공히 학교의 모습을 갖추게 되었다.

　신축 건물은 4층 120.75평, 3층 47.65평, 지하 51.99평으로 연건평 220.39평을 교실 및 부속 시설로 확보하게 된 것이었다. 이로써 식당과 제2공장을 오가며 이루어졌던 수업은 물론 모든 학교 운영이 정상화 되었다.

사이판의 타포차우산 정상에서

　1985년 9월 17일, 주식회사 삼풍은 미국령 북마리아나 군도의 본섬 사이판에 자회사 '삼마리아나스(SAM MARIANAS)를 설립했다.
　총자본금 US$ 1,900,000을 투자하고 한국인 기술자 9명, 현지인 350명으로 출범하여 생산한 의류, 신사복을 미국에 수출하기 위한 교두보를 마련한 것이다.
　현지 법인을 세운지 3년이 지나 1987년 8월에는 풍명학교 졸업생들이 그곳에 많이 진출하여 생산 활동에 참여하고 그곳의 현지 원주민 노동자들에게 기술전수를 하고 있었다.
　"사이판에 가보니 날씨는 덥고 우리 종업원들의 고생이 말이 아니던데, 교장이 가서 졸업생들을 위로하고 격려해 주고 오면 좋겠어"
　낯설고 물선 태평양 한가운데의 이국땅에서 열심히 일하고 있는 종업원들이 안쓰러워 학교 설립자이자 모기업 회장인 김삼석 회장이 학교장이 한번 그곳에 다녀오는 것이 좋을 것 같다는 의중을 전해 오기에 평소 여행을 통해 견문 넓히기를 좋아했던 나로서는 쾌재를 부르지 않을 수 없었다.
　1987년 1월 3일, 당시 우리나라에서는 직접 미국령 사이판으로 가는 항공노선은 없었고 일본 나리따 공항에서 3시간을 머문 후 일본항공 JAL을 이용하는 방법밖에 없었다.
　1989년 8월 2일, 높은 고도에서 내려다 본 도쿄의 밤경치는 참으로 아름다웠다. 세계 최고수준의 제조업의 나라, 한국전쟁을 빌미로 선진국으로 발돋움한 일본의 수도 도쿄의 야경은 아름다운 불빛의 만경창파였다.

　야릇한 질투심을 달래어야 하는 세 시간의 비행이었다.

　학교 후배인 공장장 박현수의 따뜻한 영접과 배려로 내빈숙사에 여장을 풀었는데 아침에 일어나 보니 창문 유리창에 붙은 도마뱀 네 마리가 나에게 인사를 건네왔다.

　나는 그 미끄러운 유리면에 붙어있는 도마뱀 발바닥의 흡착력과 내 조국 대한민국의 잘 살아보겠다는 끈질긴 집착과 줄기찬 노력의 관련성을 짚어 보았다.

　그렇다, 이것이다. 그 연관성은, 우리나라의 '우리도 한번 잘 살아보자'는 근면한 국민성과 끈질긴 기업가 정신의 조화로운 결심임을 감지해 내었던 것이다.

　나의 일과는 현장의 여러 부서를 돌며 감침질에서 소매 안 붙임에는 2.5cm간 9땀이상으로 하고 도련 속 감침질은 될 수 있는대로 쫌쫌이 속이 안 보일 정도로 해야하는 그들의 손놀림을 유심히 바라보고 격려를 하는 것이었다. (첨부: 쟌 모델)

그리고 휴일엔 삼십여 명의 제자들과 일곱 가지 빛깔의 바다, 힘센 물결이, 표류된 조개껍데기를 흔들면서 해변의 이랑에서 달음질치는 산호바다 해변을 거닐면서 예쁜 조개를 주웠다.

세찬 물결이 부서지는 바다와 맞닿은 슬픈 벼랑, 반쟈이 크리이프(만세절벽)와 만세절벽이 내려다보이는 마피산에 자리한 슈사드 크리이프(자살절벽)는 으스스한 이름 그대로 2차대전 말, 패색이 짙은 일본군이 천황 만세를 부르며 집단으로 투신하여 자살을 감행한 끔찍한 벼랑이었다.

만세절벽 가까운 곳에는 일본 제국주의에 의해 억지로 끌려와서 억울하게 죽은 한국인들을 추모하기 위한 위령탑인 '태평양한국인추념평화탑'이 있다.

나는 잠시 묵념을 올려 아직도 잠들지 못했을 그들의 고혼을 달래고, 먼 산하 조국을 향한 그리움에 옷깃을 여미고 다음과 같은 시 한편을 읊고 무거운 세월의 그늘을 벗어났다.

먼 바다 기슭에서

뒤채이는 바다의

기침소리에

숨결 고른 빛 무늬의

어린 숲은 흔들린다.

피곤한 산자락

물소리에 젖는다.

겹겹 세월

아린 잇몸

파도 서걱이는

해안에 서면

어두운 기억(記憶) 저 편의

갈메빛 해일

사브롯이 잠재우는

고요한 그의 먼 눈

패각(貝殼)을 덮는 맨 살

뒤척이며 누운 바다

귀는 귀 끼리끼리

빛으로 괴는 음향

　　　　　- 사이판에서 1987-

사이판의 최고봉인 타포차우산 정상에 올랐다.

타포차우는 해발 473m의 나지막한 산이지만 섬 중앙에 위치하여 사이판섬의 전체 윤곽이 드러나 마치 실측 지도를 펴놓은 듯 했다. 푸르디 푸른 바다 멀리 세계에서 가장 깊다는 수심 1만900m에 달하는 마리아나해구가 아스므레하고 여기까지 와서 찾아보지 않으면 '가나마나한 섬'이라는 우스개가 있는 '마나가하'섬이 아름답다.

아무튼, 세계의 중심에 위치한 태평양 한 가운데서 기업 활동을 벌이는 모기업과 종업원의 대부분을 차지하는 우리 풍명학교 졸업생들이 얼마나 자랑스럽고 대견한지 한 동안 깊은 상념에 잠기며 눈시울이 붉어졌다.

임무정 수필집

제2장
배움에의 목마름

촛불과 낙엽의 '문학의 밤'

풍명여자고등학교의 2학기는 그야말로 신나는 학교 행사가 줄을 이었다.

2학년과 졸업학년인 3학년이 함께 참여하는 수학여행은 격년제로 이루어 졌지만 9월 제2학기가 시작되면 반공 표어포스타 전시회, 학교신문 발간, 교내체육대회, 백일장, 합창대회, 시화전, 의상발표회 등이 시차를 조정하여 열리고 11월 초순에는 그 마지막을 장식하는 '문학의 밤'이 기다리고 있다. 문학의 밤은 문예반을 중심으로 이루어지는 행사이기에 전교생이 참여하는 교내합창대회와는 달리 문예반원과 소수의 선택된 학생들만 참여할 수밖에 없는 한계가 있었다.

낙엽이 뿌려진 계단을 밟아야 올라갈 수 있는 소강당의 무대에 예쁜 한복을 단정하게 차려 입고 난로를 중심으로 대 여섯명이 소파에 동그마니 앉아 자작시를 낭독하고 일어서는 그룹미팅으로 다음의 낭독자들이 또 그 자리에 앉아 클래식 음악을 배경으로 작품을 낭독하고 일어선다. 뒷면에는 큼직한 프라타나스 낙엽들을 벽면에 붙이고 촛불을 밝히고 하얀 갈대가 흔들리어 문학의 밤이란 야광 표기를 감싸게 하여 프랑스 '살롱 문학'의 분위기를 연출했다. 벌겋게 달은 석유난로에는 국화차의 향기가 솔솔 피어나고.

〈시〉

　　　　　　　교정에서
　　　　　　　　고2 유경의

푸른 잔디 풀잎마다

발끝에 채이는

작은 돌부리마다

숨겨진 무언의 대화

찬 이슬 가득 빛날 때면

밤안개 자욱이 내릴 때면

오순도순 우정이 싹트는 곳

부푼 가슴속에

내일의 꿈이 영그는

진리의 속삭임이 아득한데

상록수 잎마다

돌아서는 오솔길마다

살며시 손짓하는

풍명의 메아리여

새 벽

고1   최정임

새벽의 젖빛 공간에
모든 생명은
힘찬 기지개를 편다

하늘에 남은 마지막
별 하나
꽃잎에 맺어있는
이슬 한방울

마지막 작별을 하는 걸까
못내 아쉬어 한다.

⟨시조⟩

여름밤

고3   박삼례

눈 멀리 별빛무리

바라보는 이 언덕에

잔디건 잡초이건

어둠먹어 쓸쓸하고

외진 곳 느티나무에

바람만이 일고 있네

잔등 뒤 은행나무

달그림자 드리우고

저멀리 들판에서

개구리 울음우니

한적한 여름밤 정취

무엇에다 비기리

⟨산문⟩

친구에게

고2   김선녀

　명랑하고 구김살 없는 네 성격 덕분으로 우린 모든 것을 잊고 천진스레 즐거울 수 있었다. 그 짧은 순간을 시기하듯 엄습해 오는 아픔, 우린 눈 오는 거리에서 손을 잡고 까만 어둠 속, 볼을 에이는 듯한 바람 속으로 눈물을 흩날려 보내야 했다.

의사 선생님이 써 주신 갈겨 쓴 필기체의 약명이 우리에게 더 큰 아픔을 가져다 줄 것을 예감했기에 네 눈망울만큼이나 커단 눈송이가 내려 쌓이는 겨울의 차가운 거리에서 우리는 가로등의 희미한 불빛을 받으며 서로의 모습을, 서로의 마음을 확인하며 위로해야만 했지.

학교생활-나의 꿈이 키워지는 공간이다. 우리에겐 크든 작든 나름대로의 꿈이 있다. 각자의 꿈이 다르듯 그 꿈이 키워지는 공간도 제각각이다. 나의 꿈은 어스름한 저녁 등교를 하는 나의 학교생활에서 키워지고 있다.

나의 꿈이 어느 정도의 노력으로 얼마만큼의 정성으로 추구해 나가야 충족될 것인지는 확실히 알 수가 없다.

하지만 꼭 도달하리라는 희망을 가지고 훌륭한 인격체, 아름다운 사람으로 성장하기위해 끊임없이 노력하련다.

오늘 하루도 가식 없는 표정으로 시간시간 충실히 메워나가기를 바란다.

좋은 아침을 맞게 해주던 너의 안녕을 빌면서

1983년 7월 25일

〈산문〉

나의 어제와 오늘

고3 황연숙

그토록 가슴 설레이던 입학식이 엊그제 같은데 벌써 졸업을 앞 둔 어엿한 상급생이 되었다. 그동안 슬펐던 일 즐거웠던 일들도 많았다. 슬픔이라면 일하다가 혹, 윗사람에게 꾸지람을 들었을 때와 몸이 아플 때, 친구들과 서로의 갈등 때문에 다투었을 때 만사 제쳐놓고 집으로 달려가고플 때가 있었다. 즐거움이라 함은 수업시간에 선생님들과의 담없는 대화 중에 나오는 사제지간의 정, 여러 친구들과 터놓고 이야기 할 수 있는 오붓한 시간이 난 한없이 즐거웠다. 4년 전 나에게는 너무나도 큰 비극이 닥쳐왔다. 아버지께서 사업에 실패하자 우리 가정은 순식간에 잿더미로 되어 날마다 찾아드는 빚쟁이 아줌마들, 난 그때 죽고 싶은 심정뿐이었다. 세상에 대한 비관, 아버지를 몹시 원망했다. 무능한 아빠라고…,

한참 꿈 많던 중3시절은 지금 생각하면 너무도 아찔하고 우울한 한 해였던 것 같다. 그때부터 난 결심했다. 자립해서 일어서겠노라고 그래서 마음먹은 것이 야간학교, 설마 내가 이런 상황에 처할 줄 누가 알았으랴.

"엄마, 나 혼자 자립해서 야간학교에 갈 거예요."

엄마는 아무 말씀도 하지 않았다. 그저 묵묵히 눈물만 흘리시는 것이었다.

내가 가고 싶은 회사는 방직회사였으나 어쩌다 몸담게 된 것이 주식회사 삼풍이다. 제일 어린 나이로 언니들 아래에서 떨리는 손으로 내디딘지 어언 3년이 됐다. 지금 생각하면 아빠를 원망했던 내 자신이 무모해지고 아빠에 대해 죄책감만 자꾸 든다.

"아빠, 이젠 아빠를 사랑하는 딸 숙이가 되겠어요. 하지만 지금의 나의 생활을 후회하지 않는다. 내 자신이 대견스럽기만 하다. 나를 성장시켜준 이곳, 학창시절의 괴롭던 이야기도 꿈 많고 즐거웠던 일들도 나에겐 잊혀지지 않는 추억이 되어 뇌리에 간직되어 있는 것이다.

〈산문〉

1983년의 생각들

고1 윤미덕

4월 26일

아침부터 간간히 비가 내리더니 이젠 제법 줄기를 이루며 쏟아진다. 마침 점심시간이라 우산을 쓰고 정원엘 갔다. 정말 비오는 광장이 이토록 아름다워 보인 적은 없었다. 비를 흠뻑 머금고 더욱 선명해진 초록, 연보랏빛 등꽃에 열린 물방울, 그 향기 미세한 바람결로 온통 반짝이며 떨어지는 무수한 꽃잎은 눈사태처럼 차라리 안타깝게 한다. 온 세상이 맑은 빗줄기에 씻겨가는 거짓 없는 이 아름다움, 비록 작은 아름다움이라도 모두 마음속에 긁어모으고 싶은 순간이었다. 봄에 오는 비는 모든 걸 생생히 소생시키고 단맛 나는 꿀비임에 틀림없다. 그 속을 힘껏 뛰어보고 싶은 충동을 억제할 수가 없다. 나도 저 잎사귀, 풀잎, 잔디처럼 깨끗하고 푸른빛이 되고 싶다. 그래서 안으로 밖으로 힘껏 내리 뻗어 자라고 싶은 비오는 하루였다.

5월 23일

나를 찾는 것은 무엇일까.

의재 선생님께서 우리에게 위의 주제로 생각해 보고 반성해 보라고 하셨다.

현대에 사는 사람이면 만능 탈렌트는 못 될망정 하나의 특기 정도는 필요하다 하시며 그러기 위해서는 피나는 노력이 따라야 한다고 하셨다.

어떤 수영 선수는 새벽 4시에 일어나 하루 다섯 시간을 물 속에서 고된 훈련을 한 열매로 조국에 금매달을 안겨 주었다고 한다. 물론, 나의 처지는 배움을 추구하는 시간보다 스스로의 삶을 위해 일하는 시간이 길다.

'나는 누구인가? 내가 사는가 존재하는가?' 학교와 작업장과 빈 자취방을 오가며 변화없는 반복된 나날 속에 '나'를 자칫 잃고 우울한 늪 속에서 방황하다 끝나는 생활은 아닐까. 그러나, 특기만을 통해 자아개발을 하라는 법은 없는 것이다. 좀더 나에게 주어진 환경 속의 나, 그리고 반성하는 '내'가되도록 노력해 보자. 주위엔 나보다 더 고된 이도 많다.

이 한여름 밤 시골 툇마루에서 듣던 개구리 울음이 들리는 듯하다.

이 메마른 도시에

〈산문〉

사색의 여유로움
고3 이유순

하루 이틀 연속되는 생활의 즐거움이 엿보인다. 어떠한 어려움도 어떠한 고통도 마음을 즐겁게 다짐으로써 하루의 피로는 가신다. 기다림을 간직하는 마음에서도 생활의 보람을 찾을 수 있다. 오늘 밤이 되기까지는 나는 나의 책임과 의무에 나름대로의 최선을 다 했다고 말하고 싶다. 그렇다하여 이러한 자기만족에서도 지난날의 아쉬움 안타까움이 없는 건 아니다.

날이 새면 일터로 해가 지면 배움의 장소로 그렇게 하루하루를 보내는 나의 생활, 나는 나의 책임과 의무를 다하고 있는 것이다. 내게 주어진 생활에 싫증을 느끼거나 나태해 진다고 해서 누가 나의 생활을 대신해 주는 것일까? 낮에는 일하면서 밤에는 배울 수 있는 여건아래 나는 보람을 찾고 싶다. 오늘의 고난도 오늘의 슬픔도 내일이란 미래가 있기에 잊을 수 있고 어제가 있었기에 오늘이라는 현재는 어제보다 좀 더 발전한 것이 아닐까.

나의 고달프고 바쁜 일정 속에서도 많은 걸 사색할 수 있는 여유를 찾을 수 있기에 생활의 즐거움을 갖게 되는 것이다.

이상은 '1983년 늦가을 풍명여고 문학의 밤'에 낭송된 글이다. 물론 지도 교사가 손을 본 것이지만 작품집을 숙독해 보니 대단한 수준이었다.

일하면서 공부하는 예비 시인 작가들이지만 언젠가는 '바람과 함께 사라지다'를 쓴 미국 작가 '마카렛 미첼'의 맛 수가 될 한국의 여류 문호가 탄생되지 않겠는가 하는 확신을 가져 본다.

선생님, 교복을 입고 싶어요

"선생님, 왜 교복을 못 입게 하죠?"
"못 입게 하긴, 자유롭게 입어라는 거겠지."
"선생님 우리는요, 사실 교복이 입고 싶어서 학교에 왔걸랑요, 그 걸 못 입게 하다니 너무 해요 선생님, 우리학교만이라도 교복을 그대로 입어요, 네…."

산업체 학교인 풍명여자고등학교에 입학하여 어엿한 고등학생이 된 박연실 양은 학교에 다니기 전엔 단정한 교복을 입고 자주색 책가방을 든 학생들을 보면 비실비실 뒷골목으로 숨었다.

그러나 지금 그녀는 까만 웃옷에 하얀 칼라를 빳빳하게 다듬질한 교복을 입고 있는 당당한 고등학교 학생인 것이다.

그런데, 느닷없이 1981년, 교복 자율화 조치가 내려져 박 양의 실망은 이만저만이 아니었다.

그녀는 교복 자율화 조치가, 밤낮 미싱만 밟아대는 근로청소년이 아니고, 단발머리의 다소곳한 여학생이라는 자부심을 앗아가는 잘못된 시책임을 믿고 있었다

사실, 가난한 집안의 학생이 아니더라도 교복은 한 벌 마련되어 있기 마련이었다.

신학년 학기초에 입학한 신입생들은 지정된 교복점에서 단체 주문으로 단 한 벌씩만 지급받기 때문이다.

이 교복이 비를 맞거나, 실밥이 터지거나 찢어지거나 심한 더럼을 탈 경우가 되면, 밤 시간 늦게 까지 세탁을 하고, 깁고 다림질을 해야 하는 고역이 따랐다.

1년에 10cm 안팎으로 자라기도 하는 성장기의 청소년들에게는 옷이 몸의 치수와 맞지 않아 팔을 치켜 올리면 옆구리가 드러나고, 엎드리면 허리가 드러나고 치마는 미니스커트 교복 치마가 되기 일쑤였고, 입고 난 후에도 잘 간수한 멀쩡한 교복마저도 누구에게도 물려줄 수 없는 애물단지였던 것이다.

그러므로, 융통성 있는 이 지침은 각 학교 재량으로 머리도 귀 밑 머리까지 자유형을 허용하고 학생 복장을 지나치지 않는 한 자율화 하여, 학생 개인의 미적 감각이나 개성을 발휘하여 자기 스타일에 맞는 옷을 입게 하라는 바람직한 취지이기도 했다.

그리고, 일상생활에서 입는 간편한 복장 그대로 학교에 갈 수 있는 편의성, 실용성도 있었다.

하지만, 단정한 교복을 입고 책가방을 들고 학교에 가고 싶었던 박 양은, 그냥 단정한 머리 모양과 간단한 복장 차림으로 학교에 가는 것은, 학교에 다니지 않는 일반 청소년과 구별되지 않기에 그것이 불만이었던 것이다.

어떻게 보면 당시 문교부(교육부)의 교복 자율화 조치는 온 나라 중고생들의 다양한 의상 문화의 창출로 의복의 수요와 공급이 증대되어 의류산업의 부흥을 이끄는 바도 있었다. 하여, 나라 경제 발전의 한 부분을 담당하는 역할도 했던 것이다.

아무튼, 이 교복 자율화 조치는 모든 학교에 적용되었고 일반 학교 학생들은 환호로써 환영한 반면, 학생으로서의 복장 차별화를 원했던 각종학교, 산업체 부설학교와 산업체 특별학급 학생들은 불편하지만 교복을 그대로 입는 것을 원하는 측면이 있었던 것이다.

산업체 부설학교인 풍명여자고등학교 학생들은 입학을 하자마자 제일 먼저 하는 일이 사진 찍는 일이었다. 공장 터이자 학교 교정인 너른 잔디밭 군데군데 피어 있는 장미꽃 더미를 배경으로 책가방을 든 다소곳한 여학생 차림의 모델을 여기저기에서 발견할 수가 있다.

학생들은 날씨가 좋은 날은 부지런히 사진을 찍어 고향에 계신 부모님에게 학생 신분의 딸의 모습을 자랑스럽게 보내는 것이었다.

어린 것이 서울 가서 공장에 다니면서 애처롭게 돈만 버는 줄 알았는데, 어렵소, 사진을 보니 어엿한 학생이 되어 있지 않는가.

"아이고! 우리 애가 서울 가서 핵교(학교)에 다닌다고 …."
"아이고, 착하기도 하지, 우리 딸년 잘나기도 했지. 동네 사람들, 이 사진 좀 보소. 우리 애가 핵교엘 다닌다고…."

시골에 사는 학생들의 부모님 입장에서는 객지에 나간 딸의 대견스러움은 실로 대단한 것이었다.

나는 박 양에게 교복이란 일종의 통제복으로서, 일본 제국주의가 뿌리내린, 시대에 맞지 않는 몰개성적인 시대의 유물임을 말하고 현대 사회에서는 각 사람의 개성이 존중되어야 하고, 다양한 의생활의 조화가 보장되어야 하며, 자아의 가치 창조는 감수성이 예민한 청소년기에서부터 시작되어야 한다는 내용의 말을 들려주었다.

그러나, 연전, 일본의 옛 도시인 '나라'의 전동차 안에서 빡빡 깎은 머리 모양과 빳빳하게 세운 흰 동전의 까만 교복을 입은 남학생 무리를 발견했고, 영국의 최고 명문, '이튼' 등, 세계의 유서 깊은 명문학교는 아직도 교복 착용의 전통을 이어가고 있다는 말을 들은 적이 있음을 상기했다. 그리고, 대부분의 학교가 교복을 다시 입는 추세로 보아 교복자율화 조치는 한 때의 필요성에 그친 것이었다.

"그럼 어떡하니, 시대의 추세를 따라 가야지 우리만 어쩔 수 없잖아."
"그렇지만 선생님, 반드시 교복을 입지 말라는 법은 없지요?"
"물론이지, 교복도 자유복의 일종으로 보면 못 입을 거야 없지 않니? 네가 계속 교복을 입고 학교에 다니고 싶으면, 그렇게 해도 상관없어."
"선생님 그래도 돼요? 정말."
"그렇다니까."
"그렇게도 교복 입는 것이 좋으니?"
"네."
"그럼 그렇게 해."
"좋아요, 알았어요."
박 양의 얼굴이 발그레해 진다.

"다른 학생들은 다 간편하고, 갈아입기 쉽고 활동하기 편리한 옷을 입고 다니는 데, 너 혼자만 불편한 교복입기를 고집한다면, 다른 사람의 눈총을 받게 될 것이고 산업체학교 학생 티를 나타내는 결과가 아니겠니? 그래도 좋아."
"네, 그래요. 그러나 선생님, 정말, 교복을 입고 학교와도 돼요?"
"그럼, 그렇다니까."

"선생님 아무리 생각해도 학생들을 교복을 못 입게 하는 것은 이상해요. 꼭 자유복을 입어야 하나요."
"그럼, 그렇다니까, 간편한 평상복 차림이면 되는 거야. 학생다운 몇 가지 단정한 옷을 번

갈아 입고 학교에 오면 돼, 하지만, 잠옷이나 한복차림은 안 돼, 알겠지?"

박 양이 배시시 웃는다.

"얼마나 좋으니? 거의 매일 한 벌 밖에 없는 교복을 세탁하고 다림질 안 해도 되고, 머리 모양에 맞춰 패션을 세련되게 하면 멋지지 않겠니?"

"선생님, 나는요, 내가 입고 싶을 때까지 교복을 입을래요. 나중에 싫어지면 안 입을 거예요."

그 후, 박 양은 한 동안 계속 교복을 입고 등교를 했다.

박 양은 오후 4시 30분에 회사 일이 끝나면, 등교 시간까지의 시차, 50분 동안에 식당으로 달려가 저녁 식사를 하고, 기숙사에 가서 세수하고, 머리 빗질하고, 교복으로 바꿔 입고 시간표대로 책가방을 챙겨 들고 학교에 오는 복잡한 과정을 감당해 내었던 것이다.

그러나 얼마 되지 않아 검정 윗도리, 하얀 칼라의 전형적인 여자고등학교의 교복은 풍명여자고등학교 교정에서도 사라지고 말았다.

산업체 부설학교 학생들은 일반 중,고등학교 학생들과 구별되는 것을 싫어했다. 그래서, 1991년의 학기 초인 3월에 'OO고등학교' 등으로 일제히 개명을 하여 학교 이름만 보고, 듣고는 일반 학교인지, 산업체 부설학교인지 구별할 수 없게 하였다.

구 분	월평균 수입	저축(재형)	생활용품비	용 돈
1학년 3반 9번 P양	378,000원	15만원	7만원	4-6만원
	전 송 금	기타(세금포함)	3년간 목표	장래희망
	5만원	6만원	8백만원	현모양처
3학년 2반 11번 K양	월평균수입	저축(재형)	생활용품비	용 돈
	482,000원	20만원	9만원	6만원
	전 송 금	기타(세금포함)	3년간 목표	장래희망
	5-7만원	7만원	7백만원	대학진학후 의상디자이너

굴뚝과 굴뚝 사이

풍명여자고등학교 교정에 자목련 잎사귀가 하염없이 떨어져 내리고 파란 보료로 펼쳐졌던 잔디가 금잔디로 바뀌어 가면 가을은 어김없이 깊어지고 학교는 축제 분위기에 들뜨게 된다.

매년 치르는 합창 경연대회는 한 사람도 빠짐없이 전교생이 다 참여하는 행사로 풍명여고의 교내행사 가운데 가장 중요하고 즐거움의 극치를 이루는 음악 잔치였다.

그러므로 2학기가 시작되면 온 교정은 술렁이기 시작한다.

학교 설립 자체가 산업체 부설학교이므로 여러 가지 제약이 많으나 풍명여고는 일반학교 못하지 않는 많은 학교 행사를 치렀다.

상급학교 입학을 위한 시험 준비나 취직을 위한 취업지도가 필요 없는 학교이기 때문이다.

학교장의 교육지침으로 벌이는 교육적인 의미의 연례행사는 산업 현장에서는 생산 차질을 가져 올 수 있는 원인이 되기에 회사에서는 마뜩잖게 여기고 있었으나 학교를 설립하고 제도 교육을 시행하는 입장에서는 초지일관 할 수밖에 없었다.

학교 행사를 치르기 위해 사전에 준비 단계를 거쳐야하고 예행연습 등 많은 시간을 할애할 수밖에 없어 행사 후에 학생들이 졸음에 시달리고 야근과 작업시간 연장을 해야 한다는 것이다.

　그러나 학생들의 사기진작이 결국은 생산성 증가에 직결된다고 강변하며 회사 측을 설득해야만 하는 현실이었다.

　신입생이 입학하는 학기 초에는 신입생 환영 구기대회를 열어 발야구, 배구 시합으로 우열을 가리는 게임으로 선생님과 재학생, 신입생을 한 마음으로 뭉치게 했고, 봄소풍, 수학여행, 웅변대회, 표어포스트 전시회 등을 열었다.

　2학기가 무르익으면 학교 연중행사의 피이크를 이루는 합창경연대회, 교내백일장, 패션쇼, 외국인 바이어들이 작품을 구매해 주기도 하는 시화전이 교정을 들뜨게 한다.

　곧 이어 전국 유일의 고등학교 과정 의상과 학생들이 직접 만든 의상을 선보이는 패션쇼가 전개된다.

　그들이 직접 디자인하고 작업 종료 후의 현장 미싱에서 바느질을 한 옷을 입고 음악에 맞춰 남녀 동반으로 T자형 돌출무대로 행진하는 진풍경의 아마추어 패션쇼는 아직 미숙하지만 참신성이 돋보이는 볼만한 구경꺼리였다.

　그리고 나면 한 해를 마무리 짓는 '문학의 밤' 행사가 학생들을 즐겁고 신나게 한다. 문학의 밤은 문예반이 주축이 되는 행사이지만 참관하는 학생들에게는 잊을 수 없는 밤을 연출한다.

　낙엽이 깔린 울타리, 큰 그림자로 드리워진 푸라타나스 잎사귀, 촛불과 음악, 벌겋게 타오른 난로를 에워싼 살롱문학 형태의 고조된 문학적인 분위기에서 그들은 소파에 앉은 채 자작시를 낭독한다.

　누구에게나 아름다운 추억을 갖는다는 것은 가장 소중한 자양분의 자산이 될 것이지만 그것이 미를 창조하는 예술 활동임에랴.

　이런 경우의 동기유발이, 꿈을 품고 꿈을 이루게 되는 것이다.

풍명여고의 합창경연대회는, 음악선생님으로부터 학년별 지정곡과 자유곡을 통고받으면 그 날부터 두 대의 올갠과 한 대의 피아노는 몸살을 앓게 된다.

학생들은 반 별로 음악실 쟁탈과 음악 선생님 납치극(?)을 벌인다.

경연대회 날짜가 다가오면 북서동남에서 화음이 메아리친다.

특히 극성파가 실장으로 있는 반에서는 더욱 즐거운 곤욕을 치르게 된다. 방과 후인 심야마저도 기숙사를 돌며 자기반 학생들을 불러내어, 사감들과 수면 부족의 건강 문제로 실랑이를 벌이고 마땅한 장소가 없으면 학교 건물 옥상에서 파트별로 발성 연습을 한다.

공휴일인 일요일도 외출금지다. 학급 전원이 출석하여 교실에서 음정을 맞추어야 한다는 것이다. 용케도 대부분의 학생들이 반장의 고집에 따른다.

"너희 반 자유곡이 뭐니?"

"선생님 그것도 모르셨으요, 울산아가씨에요, 울산아가씨…"

"그래, 아예 그만 둬라, 너희들 연습하는 걸 보니까, 울산아가씨는커녕, 포항아가씨도 못 되겠더라."

하고 빈정대면

"두고 보서요, 선생님, 우리 반이 일등하나 안하나… 자신 있어요."

"그래, 착각도 자유니까."

"선생님 착각도 자유지만요, 1등도 자유예요. 두고 보시라니까요."

봄, 가을 환경미화 심사때 마다 교실 바닥을 밤 늦도록 세제를 풀어 반들반들하게 닦아내어 기어이 자기반을 일등으로 만들고 마는 맹렬반장 서정례양의 다부진 항변이다.

아직 수준은 미흡하지만 비엔나 소년합창단이나 리틀엔젤스보다도 우리에겐 더욱 친밀하게 다가오는 천사의 화음임에 틀림없다. 이러한 저력이 드디어 1983년 12월 6일 안양상공회의소 주최 제7회 건전가요 합창대회에서 일반 명문학교를 물리치고 최우수상을 거머쥐게 되는 영광을 안았다.

이러한 문화학습의 열매가 다른 산업체학교의 경우에도, 마산의 방직공장에서 실을 뽑으며 '한일여자실업학교'를 다닌 '이점자'는 세계적인 유럽 오페라단인 '베세토오페라단'의 호화멤버로 자리하여 2002년 조국의 '예술의 전당'에서 프리마돈나로 출연하여 아름다운 선율을 뽑아내었다.

그때, 그 심야의 학교 옥상에서 울려 퍼지던 파트별 발성연습 소리, 밤하늘의 코러스는 임립해 있는 굴뚝과 꿀뚝 사이로 물결쳐 안양시 공장지대 주민들에게 소음과 공해가 아닌 사랑과 평화의 메시지로 전달되었던 것이다.

정말, 안 되는 건가요

"선생님, 왜 결혼하면 학교는 못 다니게 해요."
"대학도 아니고 어렵잖겠어."
"신문에 보니까, 무슨 고등학교인가 대학에 다니는 아들을 둔 어머니도 고등학교를 졸업하던데요."
"그야 그럴 수도 있지만 비정규학교인 각종 학교이거나 검정고시에 합격했다는 기사가 아닐까?"
"정말, 안 되는 건가요? 결혼을 해도 학교는 계속 다니고 싶어요. 무슨 일이 있어도 졸업장은 손에 쥐고 싶다는 말이에요."
"그럼 결혼을 졸업 후로 미루면 될 거 아냐. 남자 쪽에서 지금 장가가겠다고 조르던…. 2년만 더 기다려 달라고 하면 안 되나."
"선생님, 왜 안 돼요? 학교나, 선생님, 다른 학생들에게 무슨 지장이 있나요?"
"생각 해 봐라, 이제 갓 입학한 고등학교 1학년 학생이 결혼을 하고 계속 학교를 다닌다는 것은 어렵잖겠어?"
"선생님, 저는 감쪽같이 할 수 있어요. 아무 지장 없이 할 거에요."

이은실 양은 올해 나이 스물여섯이다. 논밭때기 쬐끔 있는 가난으로 간신히 시골 중학교를 졸업하고 생활 전선에 뛰어 들어 이제는 봉재 공장의 숙련된 미싱사로 자리 잡았고, 늦게나마 자체 근로 인력에 베푸는 교육제도인 풍명여자고등학교 학생이 된 것이다.

그녀는 시집갈 나이도 꽉 차고 마침 좋은 사람이 생겨서 때 맞춰 시집을 가야 한다는 것이었다.

특히 남편 될 사람이 빨리 결혼하자고 조르는 터이므로 결혼을 더 늦출 수 없다는 것이다.

이은실 양과 남편이 될 박태균 군은 같은 마을에서 자란 어릴 적 친구였다.

그들은 전남 해안 바닷가의 빈한한 농어촌에서 어렵게 생계를 꾸려나가던 빈농의 자녀들로서 공부도 하고 싶고, 지긋지긋한 가난도 싫고 하여 도시로 나온 경우였는데, 먼저 박 군이 고향을 떠나 도시로 갔고, 이양이 그 뒤를 이어 탈 농촌을 한 경우였다.

"난 절대로 성공하지 않으면 고향엔 안 갈 거야."

"그래도 고향인데 안 가면 어떡해? 성공이 뭐 그렇게 쉽게 이루어 질 것 같애…."

"두고 봐, 반드시 성공할 거니까."

남편이 될 박 군은 그 성공을 앞당기기 위해서는 이 양과의 빠른 결혼이 좋은 해결 방안으로 알았던 것이다.

"우리 결혼하면 한사람 생활비는 저축되잖아, 티끌 모아 태산이란 말 알지?"

"하지만 애 낳으면 어떻게 저축해."

"우리 천만 원 모을 때까지는 애기 낳지 말자."

"천만 원 모을 때 까지는 애기 낳지 말자. 천만 원 모이면 그때 애기 갖자."

그들은 결혼 후의 생활 개획을 짜 맞추며 즐거워했다.

박군은 고향 해남을 떠난 후 일절 소식을 끊어버리어, 부모나 동네 사람들은 몇 년 간 전연 소식을 알지 못했다.

굳은 결의로 고향 마을을 떠날 때, 뒤도 돌아보지 않고 느티나무 그늘 길을 걸어 나온 박군은 안양시의 자동차 서어비스 공장에서 일하면서 안양공고에 설치되어 있는 야간 특별학급에서 공부했다. 그 곳에서 3개년 과정을 마치고 졸업하여 지금은 재벌 그룹인 동양공업사의 기능 사원으로 근무하고 있었다.

"아이구, 이게 누구야? 도대체 이게 웬 일이야?"

"어쩌면 그렇게도 소식하나 없더니…."

"부모님, 동네 사람에게 성공하기 전에는 일절 소식을 끊겠다고 했거던…."

"아무튼 반갑다. 이게 꿈 아니니?"

"고생이 많았나 봐, 얼굴이 해쓱한데…."

물론, 박군은 이양이 아직 고향 마을에 그대로 눌러 앉아 있을 것이라고 믿었고, 확실한 직장과 두어 칸 방의 전셋집을 확보한 후 귀향해서 이양을 아내로 맞을 생각을 하고 있었는데, 안양시내 길거리에서 이양과의 우연한 상봉으로 다시 맺어졌다는 것이다.

두 사람 모두 공부를 하고 취직을 해야겠다는 뜻이 이루어진 것이므로 서둘러 결혼할 것을 결심하고 시골집에도 연락을 취하여 양가의 부모에게 통보를 하고 허락을 받은 처지였다.

이양은 동료 여공 한 사람과 더불어 방을 얻어 자취 생활을 하고 있었고, 박군은 여인숙에 방을 얻어 장기계약 하숙을 하고 있었는데 그들이 결혼을 하여 한 곳에 살게 되면 결국 한 사람 숙박비에 숟가락 하나 더 놓으면 되는 경비절감이 이루어지는 것이었다.

그렇게 되면, 생활비를 크게 줄일 수 있고, 적지만 그 돈으로 저축을 할 수 있다는 타산적인 점도 빨리 결혼을 해야 하는 이유였다.

나는 이양에게 결혼과 고등학교 졸업장이라는 두 개의 과일을 쥐어 줄 수 있는 방도는 없을까를 궁리하기 시작했다. 그러나, 직장 생활에는 아무 문제가 없으나, 고등학교 학생의 동거 생활을 알고 있으면서도 묵인할 수 없는 것이었다.

이양의 담임 교사와 부장급 중견 교사들과 머리를 맞대고 의논한 결과 그 대안으로 최적의 것은 '방송통신고등학교'로 전학 가는 것으로 낙착이 되었다.

다음 날, 단정한 교복을 입고 무거운 책가방을 들고 등교하는 이양을 교장실로 불렀다.

"네 문제를 깊이 생각 해 보았는데, 다른 방도는 없고, 방송통신학교로 전학가면 결혼 생활과 학교 공부를 같이 할 수 있어."

"네, 방송학교라고 예, 전 싫어요, 그건 학교가 아니잖아요. 저는 교복 입고 책가방 들고 학교에 가야 해요."

"아니야, 방송통신학교도 정식 학교이기에 학교에 가서 중간고사, 학기말 고사도 치러야 하고 졸업장도 나오고 하는 거야, 대학에 갈 수도 있고…."

"아무튼, 라디오 방송을 들으면서 공부하는 거잖아요. 난, 그건 싫은데…."

나는 좋은 말로 조목조목 방송통신교육제도를 설명하며 이양을 설득했다.

이양과 같이 성실, 근면한 사람이라면, 미싱을 밟으며, 집안 살림을 하면서 부지런히 라디오 방송 강의를 들을 것이며 그녀가 꿈에 그리던 고등학교 졸업장이 손에 쥐어질 것이라는 확신을 얻었기 때문이었다.

이양이 학교를 그만 두게 되면 1학년 3반 교실에 있는 책걸상 1조를 들어내어야 한다.

대개의 경우, 봉재업의 산업체 부설학교에서는 연 평균, 10여명 이상의 학생이 중도 탈락하고 있었다.

그 원인은 이양처럼 결혼으로 인한 사유도 더러 있었지만, 일하면서 배우는 벅찬 일과로 인한 과로와 질병, 노이로제, 좀 더 나은 보수를 받는 회사로 전직하는 경우가 대부분이었다.

몇 학년 어느 반의 누구누구가 시집을 간다는 소문을 부쩍 자주 듣게 되는 것이다.

농촌 청년들에게는 고등학교를 졸업한 규수가 일등 신부감으로 노총각들의 좋은 표적이 되기 때문이다.
지금처럼 베트남, 태국, 미얀마의 처녀들과의 결혼이 보편화되기 전인 당시에는 도시 집중 현상으로 파생되는 시골 처녀의 희소가치를 우리 부설학교 학생들이 톡톡히 누렸던 것이다.
꽤 오랜 시간이 지난 뒤의 이양과 박군이 꾸려 나가고 있을, 자녀들이 있는 보금자리는 아마, 어느 누구보다도 더 행복한 내일을 잉태하고 있으리라.

하루만 더 있다 가요

    1984년 5월 13일, 비가 내리고 산안개가 드리워진 설악산 비선대는 신비로운 장면을 연출하고 있었다.
    흰 너래 반석과 그 위를 흐르는 맑은 물과 물웅덩이, 그리고 하늘을 찌를 듯이 높이 솟아 있는 미륵봉은 그 경관의 뛰어남이 예부터 시인묵객들의 발길을 묶어 두기에 충분했고 여기저기에 산재한 옛 탐방객들의 이름을 새긴 바위 음각이 이채롭다.
    마고할미가 승천한 미륵봉 바위 면은 때마침 알맞게 내린 비로 슬금슬금 폭포가 기어내려 온다. 그 밑으로 푸진 수량의 천불동 계류가 웅장한 심포니를 연주하며 달음질친다.
    맑게 갠 날, 수차례 이곳을 와 보기는 했으나 그저 명승지로구나 하는 감회밖에 없었는데 베일 속에 가리운 듯한 골짜기 안개의 연막으로 비 내리는 비선대의 경관은 과히 일품이었다.
    더구나, 여기저기에는 날개짓으로 하강한 선녀들이 화사하게 웃고 있었다.
    간밤부터 억세게 내린 비는 풍명여고 수학 여행단을 여관에 묶어 놓았었는데 진종일 비 그치기를 기다릴 수 없어 비닐 우의를 입혀 비선대 탐승의 길에 오른 것인데 반석위에 흩어져 카메라 셔터를 눌러대기에 분주한 학생들의 투명한 비닐 우의가 잠자리 날개 같기도 하고 마치 선녀의 날개 같았기 때문이다.

비선대에서 만난 선녀의 무리, 이태백이 하늘에서 귀양 온 신선이라면 우리 학생들은 하늘에서 귀양 온 천녀들임에 틀림없다. 그들은 하늘에서 내려 보낸 그 업보로, 일하면서 배워야 하는 이중고(二重苦)를 겪어야 하는 숙명으로 태어난 것인가?

수학여행, 우리 산업체 부설학교 학생들이 가장 즐거워하고 기다리던 꿈의 여로다.
심지어 어떤 학생은 학교의 학생으로 수학여행을 가기 위해 학교에 다닌다는 말까지 할 정도다.
다람쥐 쳇바퀴 돌듯 한 근로 작업과 쉴 사이 없이 다시 이어지는 학교생활에서 해방되어 관광버스를 타고 장거리 여행을 한다는 것이 얼마나 신나는 일인가.
그들에게는 작업 현장의 조장이나 반장의 감시의 눈초리도 없고 요란한 프레스 전기 스팀도 없다.
그들에게는 이 여행이 홀가분한 스트레스 해소요, 신나는 카타르시스가 아닐 수 없다.

이 행사의 총 책임자로서 학생들의 안전을 먼저 생각하고, 줄기차게 내리는 빗줄기를 원망하며, 그래도 강행하자는 강경론을 물리치고 나머지 다른 코스인 비룡폭포와 흔들바위 코스를 취소할 수밖에 없었다.
그 결과, '입산 불가'의 결정에 반발이라도 하듯이 여관에서의 밤은 요란한 것이었다. 2년에 한 번 이루어지는 수학여행이라 2,3학년 학생 500여명은 밤이 다하도록 뛰어다니고, 천장이 꺼지도록 노래를 불러대었다.
이렇게 되면 인솔 교사들은 심한 곤욕을 치르게 마련이다. 물론 행복한 시련이다.
극렬 학생들에게 이끌리어 이 방 저 방으로 끌려 다니며 목청을 높여 노래를 불러야 하고 그들의 노래 소리를 듣고 장단을 맞춰 주어야 한다. 게임도 같이 참여하여 즐겨 주어야 하고 느닷없이 터뜨리는 밀가루도 뒤집어 써 주어야 한다.

최기숙 선생이 파파 할머니가 되어 세면대로 뛰어가고, 너 나 할 것 없이 선생님들의 신발이 행방불명이다.
　그 신발들은 이튿날 아침에 붉은색, 푸른색, 검은 물감, 누런 황토색으로 컬러풀한 덧칠을 뒤집어쓰고 신발장 안에 나란히 놓인다.
　옷장 안에 걸어 논 선생님들의 옷들이 가뭇없이 자취를 감춘다.
　얼마의 시간이 지난 후 되돌아 온 옷가지들은 섬세한 봉재 기술로 기워진 소매가 막히고 윗도리 구멍이 메어진 단추 구멍을 발견하고 아연실색한다.
　옷을 입으려니 소매를 끼지 못하고 단추를 잠그지 못하므로 도저히 옷을 입을 수가 없는 것이다.
　간신히 면도날을 구해서 조심스레 꿰맨 실을 끊어 내어야 한다. 자칫 잘못하면 실밥을 뜯어내다가 옷감 원단을 자르는 실수를 범하는 일이 있기에 여간 신경 쓰이는 일이 아니었다.
　아무튼, 당시 '캠브리지 삼풍'의 세계 정상을 정복하려는 밑단감침과 소매감침의 봉재 기술과 학교에서 배운 의상학과의 이론과목인 '의복재료 및 정리' 등의 커리큐럼은 세계일류 수준이었던 것이다.
　실로, 옷감 다루는 봉재 기술로는 기운 자국이 없는 천사의 옷을 만드는 솜씨를 가진 학생들이었다.
　"선생님, 하루만 더 있다 가면 안돼요? 우리 학교에 가서 여행비 더 내면 되잖아요."
　"안 돼, 너희들 학생 때문에 2천여 명의 사원들을 또 집에서 놀게 할 수 없잖아, 생산 차질이 얼마인데, 회사 문 닫게 할꺼야."
　사실 500여명의 학생들이 생산 현장을 빠져나온다는 것은 회사의 생상라인이 올 스톱하는 결과였다. 학생들의 수학여행을 위해 2박3일을 내어 준 모기업에 감사하지 않을 수 없는 현실이었다.
　"산은 아쉬울 때에 떠나는 거야, 그래야 더욱 그립거던, 신혼여행 때 다시 와서 좋은 사람

2장 배움에의 목마름 83

과 함께 사나흘 있으렴."

"신혼여행은 제주도로 갈 건데요."

"임마, 제주는 제주고 설악은 설악이야."

"선생님, 너무해요 비가와도 흔들바위, 비룡폭포 가요. 비선대만 보고 난 졸업 안 할래요."

나는 근육질의 곽미영 양의 손을 잡아끌고 열 한 대의 관광버스 선도차에 올라 낙산사를 향해 방향을 잡았다.

선생님, 엄마가 보고 싶어요

"선생님, 만나 뵙고 이야기 좀 하고 싶은 데요."
"그래, 잠깐이면 되니? 아니면…."
"아니에요, 선생님 좀 길어요."
고등학교 3학년 김옥실 양이었다.

평소 김양은 겉으로 드러나지 않는 평범한 학생이었고, 학생 간부도 아니고 성적이 뛰어난 학생도 아니어서 담임선생이 아닌 나로서는 낯익은 얼굴로만 기억하고 있었는데, 학급 담임이나 상담 교사를 제쳐 놓고 나에게, 사뭇 진지한 표정으로 면담을 신청해 온 것이다.

아무래도 젊고 깐깐한 선생님 보다는 늙수그레하고 아빠의 모습이 얼비치는 교장선생님이 상담 대상의 적격자임을 알아차린 것일까.

나는 평소 학생들에게 모든 문제는 상담 교사나 담임선생님이 아니더라도 마음이 통할 수 있는 학생 각자가 신뢰감을 갖고 좋아하는 선생님과 상담하는 것도 바람직하다고 말해 오는 처지였다.

김양과 함께 좁고 어설픈 상담실 의자를 당겨 마주 앉았다. 방과 후의 불이 꺼진 공장 사무실과 잇대어 있는 야간 학교는 괴괴한 적막이 감돌았고 가끔 길옆의 자동차 굉음 소리만

들려 왔다.

"그래, 뭐 좋은 일 있니? 시집을 간다든지…."

나는 김양의 젖은 눈을 바라보며 분위기를 부드럽게 해 놓을 필요가 있다고 판단하고, 말을 걸었다.

"난, 시집 같은 건 안 가요."

"왜 그러니, 여자가 시집을 안 가면 장가 갈려고 그래…."

하며 능청을 떨어 보았다.

발그레한 얼굴의 김양은 흰 이빨을 드러내며 배시시 웃는다.

"시집가면 뭘 해요, 고생바가진걸, 우리 아빠를 봐도요, 남자는 다 그렇고 그런 거예요. 나는 시집 안 가요."

김양은 남자에 대해서는 큰 반감과 불신으로 똘똘 뭉쳐 있었다.

나는 은근 슬쩍 분위기를 바꿔 놓을 필요가 있다고 생각했다.

"그래, 알았어, 이젠 우리 시집, 장가 이야기는 그만하고 다른 이야기를 하자. 요즘 어떻게 지내니? 공장일이 힘들고 학교 공부가 짜증나고 그러니? 무슨 문제가 있니?"

"선생님 엄마가 보고 싶어 죽겠으요. 어떡하면 좋아요."하며 김양은 왈칵 울음을 터뜨린다.

엄마, 엄마는 어느 가정에서나 있어야 하는 존재이고, 공부해라, 밥 먹어라, 청소해라, 밤 늦게 돌아다니지 말라하며 꼬치꼬치 자식들을 다그치는 잔소리의 그 엄마가 그립다는 것이다. 물론 객지에서 일하면서 공부하는 김양이 멀리 고향에 있는 엄마가 못 견디게 보고 싶을 때도 있기 마련이다. 하지만, 오늘 김양의 표정은 자못 진지하다.

"그래, 가정형편을 말해봐, 누구에게나 엄마와 고향은 가장 그리운 것이야."

그녀는 손등으로 슬쩍 눈물을 훔치더니, 시골 고향에는 아빠 엄마, 위로 오빠 둘, 자신은 가운데고, 아래로 동생 두 명, 다섯 형제가 살고 있다는 것이었다.

"그럼, 가끔 찾아뵈면 될 것 아니니? 회사 휴일이 겹친 방학 때나 주말에라도…. 정 그것이 어려우면, 농번기 휴가로 담임선생님께 출석으로 인정해 주라고 명할 것이니 학교 결석이라도 하고 다녀오렴."

"아이구, 선생님, 왜 그래요, 그 엄마가 나를 낳아 준 엄마가 아니란 말이에요."

"그럼 새어머니니?"

"아뇨."

그렇다면 자기를 낳아 준 엄마도 아니고 새 엄마도 아닌 엄마가 어떻게 존재할 수 있단 말인가?

"그래, 뭔가 좀 이상하다. 자세한 이야기를 해봐."

"지금, 우리 식구 중 나 하나만 엄마가 다르다는 말이에요. 지금 엄마는 나에게만 생모가 아니에요."

'그래, 그게 무슨 소리인지 도대체 모르겠는데…'

"아이 선생님도, 아버지가 중간에 잠깐 바람을 피웠나 봐요. 나를 낳게 하고 엄마를 쫓아 버렸단 말이에요. 그래서 우리 형제가운데 나만 얼굴이 다른 걸 누구나 알 수 있어요."

어릴 때는 아무도 말해 주지 않아 몰랐는데, 커 갈수록 형제들과 얼굴 모습이 너무 달라 궁금해 했던 사실을 얼마 전에 알게 되었다는 것이다.

김양의 눈에 다시 이슬이 맺힌다. 공기나 물처럼 항시 곁에 있으면서도 그 절대가치를 모르는 어머니란 이 세상에서 가장 아름다운 말이 그립다는 것이다.

물론 자기를 낳아 준 어머니가 어떻게 생겼을까, 내가 그 엄마의 판박이가 아닐까하는 의문을 풀어 보고 싶다는 것이다.

"어디 계신지는 아니?"

"몰라요."

"살아는 계시고…."

"아마 그런가 봐요. 아버지한테 나를 낳은 엄마를 만나게 해 달라고 졸랐더니, 언젠가 만나게 된다면서 더 이상 대꾸도 안 해요. 그러니까 살아 계시겠지요. 아니면 죽고 없는데 나를 달래는 것일까요?"

한 동안 침묵이 흐른 후

"지난 번, 남북 이산가족 찾기 텔레비전 방송을 보고 얼마나 울었는지 몰라요. 나 원 참, 온 가족이 모여 텔레비전을 보는데 나만 훌쩍훌쩍 울었어요. 오빠 동생들은 바로 옆에 자기들 엄마가 있으니 얼마나 좋았을 까요."

나는 물끄러미 그녀의 표정을 살폈다.

아빠에게 평생소원이니 나를 낳아 준 엄마를 꼭 한번 만나게 해달라고 했더니

"그래, 알았어, 그러나 너 그러면 좋은 데 시집 못가 이것아, 가만히 있어"라고만 해요.

"엄마 얼굴은 기억하니?"

"너무 어렸을 때라 어렴풋해요."

"아버지와 어머니, 집안 식구들은 차별 없이 잘 대해 주겠지?"

"어디 자기가 낳은 자식하고 같아요. 난 아무래도 외톨이에요."

"다른 형제들, 특히 오빠들이 널 잘 대해주니."

"그럼요, 귀여워해 줘요."

한 동안 말을 멈추더니

"선생님, 저는 지금 엄마가 어디에 사는 지, 살았는지 죽었는지 몰라요. 어떻게 하면 좋아요?"

나는 김양에게, 혼자만 배다른 형제라는 사실이 결코 비관할 일이 아니고, 부모를 원망하지 말아야 하며, 지금의 엄마, 아빠가 다섯 형제 중 특별히 귀한 딸 하나를 미워할 이유가 없

음을 알리고, 다른 형제들 보다 더 착하고 성실한 사람이 되어 행복하게 잘 살면, 어머니가 살아 있다면 아버지가 떳떳하게 엄마를 만나게 해 줄 것이니 절대로 아버지를 미워하지 말라고 타일렀다.

세계를 정복한 사람은 남자들이지만 요람 속에 잠들어 있던 정복자들을 흔들었던 손은 그들의 어머니 곧 여자들의 손이었다. 그러므로 세계를 정복한 사람은 여자다'라는 역설이 가능한지도 모른다.

그만큼, 어머니는 누구에게나 위대한 존재다. 굳이 율곡 선생의 어머니 사임당 신씨나 퇴계 선생 어머니 박씨 부인, 링컨의 어머니 등을 들지 않더라도 어머니가 자녀 교육에 미치는 영향은 지대하다.

그러나, 산업체 부설학교 학생이나 산업체 특별학급 학생들의 가정환경을 보면, 비교적 많은 수가 편모, 편부슬하이거나, 계모, 할머니, 할아버지와 함께 사는 결손가정의 환경을 갖고 있었고, 필연적으로 가난과 결핍이 따랐다. 김양의 '모성실조'의 병세가 하루 속히 치유되었으면….

풀꽃 향기를 맡으며

지금은 밤입니다. 우리 이렇게 밤에 만났습니다.

밤의 공간 속에서 많은 말들을 할 수 있을 것 같군요. 우선 지나간 밤의 일들을 먼저 이야기하면서 말꼬리를 풀어나가야 하겠습니다.

학생, 나는 지금으로부터 두어 달 전쯤부터 연속되어진 밤은 나를 굉장히 설레게 했어요. 내가 안양에 있는 학교에서 교생으로 있었던 기간이지요.

가르친다는 것에 대한 다소간의 흥분과 단순한 생활의 변화 정도로 여기는 가벼운 마음으로 출발했어요.

또한 내가 절대적으로 교직을 택해야 한다는 숙명론적 입장도 아니었지요.

그러니까 학생들과 내가 어떤 공감대를 형성하고 있으리라는 적극적인 출발은 되지 못했지요.

그러나 하룻밤을 보내고 그리고 이틀밤을 보내고 그렇게 하기를 몇 번, 난 어느새 그 밤을 기다리고 있는 나 자신을 발견하게 되었죠.

이때의 감정은 지금도 나의 감각 속에 깊숙이 자리하여 학교를 졸업한 후의 나의 거취에 확신을 내리지 못하게 할 정도로 정말 충격적이었어요.

그게 고달픈 생의 여로를 이제는 무감각한 채 수긍하며 그저 그렇게 살아가리라고 결론을 성급하게 내려버린 나의 나태를 확연히 드러내 놓고 말았습니다.

그들의 생에 대한 자세는 놀랄만치 순수하고 진지하였습니다. 고매한 인격을 가진 철학가의 논리 정연한 어떤 이론으로도 설명할 수 없을 것 같은 그 아름다운 마음을 난 그 밤에 그들의 눈 속에서 읽을 수 있었지요.

그 다음부터는 영어를 가르쳐야 할 내가 엉뚱하게도 철학도 윤리도 아닌 왼갖 잡동사니 얘기들로 시간을 매우는 때가 허다하였어요.

하지만 분명한 것은 그것들이 우리들의 이야기였다는 것입니다.

그러한 시간들은 나의 교생기간이 끝날 때까지 계속되었고 얼마를 지내고 난 지금에 와서도 그들에게 하고 싶었던 이야기들이 머리를 떠나지 않는 것입니다.

'마지막 잎새'로 우리에게 잘 알려진 미국의 소설가 '오 헨리'는 그의 단편소설 '매기의 선물'에서 "인생은 훌쩍거리는 울음소리와 킁킁거리는 콧소리와 싱글벙글하는 미소로 이루어져 있다고 하였습니다.

이것은 우리의 생활 속에는 그 누구를 포용하는 데에 인색하지 말 것이며, 친구와의 우정어린 대화를 통해 서로의 희로애락을 맘껏 나누어야 한다는 말씀이 아니겠어요.

눈물을 흘리지 말고, 그 눈물을 삼키는 인내로써 인생을 성숙시켜야 하겠습니다.

자, 하늘 저 쪽에서 희미하게 새벽이 열리는 군요.

그래도 못 다한 이야기가 입 속에서 뱅뱅 돌고 있지만….

If winter comes, spring be far behind.

윗글은 1983년 7월 25일 발간 된 풍명여자고등학교의 '풍명학보 제3호'에 실린 중앙대학교 영문과 4학년 김선제의 '교생실습기'이다.

학생들의 생에 대한 자세가 놀랄만치 순수하고 진지함을 밝히고 눈물을 흘리지 말고 그 눈물을 삼키는 인내로써 인생을 성숙시켜 겨울이 오면 봄도 멀지 않음을 알아야 한다고 말하고 있다.

들꽃은 사람 눈에 띄지 않는 곳에서 피어, 광야의 대기에 향기를 풍긴다.
나는 이 가멸찬 실존 앞에 숙연해 지지 않을 수 없다.
"선생님, 참 이상해요, 회사에서 그렇게 힘들고 피곤해도 학교에 와서 교실에 앉아 있으면 얼마나 마음이 편한지 몰라요."
어느 늦은 겨울, 인사성이 밝은 김수자의 말이다.
그들은 하루의 일을 마치고 교실에 와서 자기 자리에 앉아 있는 것이 하루 중 가장 행복한 순간이라는 것이었다.
교실 복도를 지나치다가 지나가는 학생을 만나, "힘들지"하며 어깨를 가볍게 쳐 주면 "아니, 괜찮아요, 습관이 돼 서요"하며 정색을 한다. 힘든 일을 하며 밤공부를 하는, 타의에 의해 교육의 기회를 놓쳐버린 근로청소년들에게 뒤늦게나마 배움의 기회를 마련해 준 획기적인 교육제도인 산업체 부설학교 및 산업체 특별학급은 어떤 의미에서는 입시위주나 취업위주의 파행적 교육이 아니라 정의(情意)교육, 인간교육을 잘 할 수 있는 강점을 가지고 있다.

맹자는 인생의 세 가지 즐거움 가운데 영재 교육을 들었지만, 영재는 에디슨의 경우처럼 학교 교육을 거치지 않더라도 천재가 되어 엄청난 발명품의 발명왕이 될 수 있는 것이 아니겠는가.
남강 이승훈 선생은 어디서나 교육의 장이 이루어 질 수 있고 일마다 교육적인 의미를 찾을 수 있다고 말하지 않았는가.

보통사람의 평생교육이 절실한 것은 이 때문이다.

고된 작업과 힘든 공부의 근로청소년은 이때까지의 통념으로 볼 때 어려운 환경에서 학령을 넘기고, 가까스로 배움의 길로 들어 선 그들이라 이루 말할 수 없는 고초와 역경을 딛고 문화학습을 하고 있는 것이다.

그러나, 그들은 피곤을 참고, 배움에의 갈증을 잔잔한 미소로 투명한 응시로 맞이하는 것이었다.

지금은 근로에 대한 개념이 '활동'으로 바뀌어 가고 있고, 부모에게 의지하지 아니하고 내 힘으로 내 일을 해결해 나가려는 자주정신은 값진 것으로, 서구 선진국의 자녀들처럼 경제적으로 여유가 있는 가정의 자녀들이라도 자력으로 학비를 벌어 공부하고 스스로 독립을 해야 하는 패턴이 우리나라에도 정착되어야 하는 것이 아닐까.

"선생님, 우리학교는 왜 졸업식 때 송사와 답사를 안 하지요?"

"너희들 우는 모습 안 보려고 그래…."

"그래도 송사·답사가 없으면 졸업식 같지 않아요."

"너희 졸업생들이 엉엉 울지 않겠다고 보장을 한다면 순서에 넣어 줄 수 있지."

"이번 졸업식에는 꼭 넣어줘요. 울 때는 실컷 울어야지요."

풍명여자고등학교 졸업식의 송·답사 생략은 의식 간소화와 시간 절약의 이유도 있었지만 자칫 눈물바다의 졸업식을 예방하는 효과도 있었다. 하지만 그들은 졸업가 제창 중에도 이미 어깨를 들썩이며 오열하기도 했다.

백리 길의 높은 고도 지리산 종주의 천황봉에 이르는 제석봉 일대는 주어진 수명을 다하거나 산불에 탄 하얀 나무줄기, 말라 죽은 고목 그루터기 사이로 이름 없는 풀꽃들이 무더기 무더기 피어 있었다. 창조주는 이 무리 져 살아가는 식물에게 대단한 질량의 안개와 구름을 풀무질하여, 잎사귀와 꽃 이파리에 젖은 윤기를 제공하고 있었다.

풀꽃들의 향기, 이는 혼탁한 오늘의 대기를 맑게 하는 위대한 요인이 아닐 수 없다.

빛나는 졸업장을 타신 언니께

'빛나는 졸업장을 타신 언니께 꽃다발을 한 아름 선사합니다.'

오래된 졸업가의 1절이다. 그야말로 주경야독의 반딧불이 조명으로 공부한 '형설지공'이요, 한나라 '광형'이 등불을 밝힐 수 없어 이웃집 벽을 뚫어 새어나오는 불빛에 책을 읽었다는 '광형착벽'이요 '아관'이 자기 땅이 한 밭떼기도 없어 남의 밭을 갈면서 잠시 쉴 때에도 품에서 책을 꺼내어 읽어 나중에 어사대부 벼슬까지 올랐다는 '아관열전'의 주인공들인 졸업생들이 배출된 것이다.

1981년 2월 14일 풍명중·실업고등학교 제1회 졸업식이 엄숙하게 베풀어 졌다.

중학교 105명, 고등학교 104명 가운데는 나이 스물다섯이 넘는 중학교 졸업생 2명, 스물두 살에 지각 졸업하는 고등학생도 10명이 자리를 같이하여 졸업식장은 더욱 숙연해 졌고 결국 눈물바다로 이어졌다.

이들 졸업생 가운데 송창헌이 명지대학교 경영과에 권영미가 인하대학교 일어일문학과에 신복순이 숭의여자전문대학 경영과에 합격하는 영광을 누렸다. 그 후에

1982년 유삼희 (인하대학교 경영학과), 김영란 (서울보건전문대학 식품영양학과)

1983년 박흥대, 조재국 (대림공업대학 건축공학과), 김옥란 (상지실업전문대학 행정 학

과), 최영철 (단국대학교 경영학과), 김창홍 (대림공업대학 건축공학과)

1985년 김도순 (강원대학교 한문교육과), 박옥분, 김노식(안양공업전문대학 전자통신학과)

1986년 김정사 (광운공과대학 경영학과), 김선미, 노선임 (숭의여자전문대학 유아교육과), 최숙자 (숭의여자전문대학 경영학과), 정종금 (숭의여자전문대학 관광경영학과), 이춘희 (신구전문대학 의류학과)

1987년 김영태 (계명대학교), 신동선 (수원공업전문대학), 정해남 (대림공업전문대학), 김재순 (보건전문대학), 최영범 (인하공업전문대학)

1988년 방영화 (한양여자전문대학 의상학과), 김재일 (외국어대학교 스와힐리어과) 등의 합격이 1988년 현재 대학진학 현황이다.

그들은 대부분이 '국가 사회발전에 기여하는 인재 육성'의 뜻을 지닌 학교 설립자 김삼석 회장이 1984년에 출연금 8,000,000원과 주식회사 삼풍의 최대 바이어 미국의 마크레프트(Marcraft)사의 기부금 US$ 5,500을 기금으로 한 '정송장학금'과 경기도비 특별장학금, 시흥향교장학금, 안양경찰서장학금, 한국지도자육성장학금, 아산 장학금, 한국노총장학금, 동창회장학금, 봉재기능사원 친목회가 주는 '청심회장학금'의 수혜대상자였다.

이상에서 밝혀진 대로 1981년 제1회 졸업생부터 1991년 제10회 졸업생까지의 풍명중·실업고등학교의 총 졸업생 수는 2,315명을 기록했다.

1982년 들어 입학생 수가 대폭 늘어날 것을 대비하여 1981년에는 염상진, 박은주, 유신자, 1982년에는 이명원, 민미혜, 정덕모, 이성자, 교사가 보강되어 비교적 안정적이고 원활한 수업이 이루어진 결과였다.

풍명중·실업고등학교의 총 소요경비는 개교 첫해부터 1982년까지 284,966,659원으로 집계되었다. 연도별 입학생 수와 소요경비를 비교해 볼 때 1978년에는 1인당 연평균 교육

비가 146,178원에 달했으나 1982년에는 118,989원을 기록한 것을 보면 재학생 수가 증가된 것에 기인하였다고 할 수 있다.

결국, 학교 설립자인 김삼석의 '아는 것이 힘'이라는 교육적 신념으로 배움의 길을 열어 준 교육구국의 의지와, 전문인력 양성과 기능인력의 안정적 확보로 노사가 서로 윈윈하는 바람직한 결과를 가져 온 것이다.

관악의 높은 기상 우람한 이 터 / 민족정기 이어 온 풍명의 딸들아
조국을 빛내려는 이상을 품고 / 거룩한 사명위해 앞서 나가자
지식의 열매를 맺어주는 우리 모교 / 영원히 빛내자 우리의 풍명

이상은 풍명여자고등학교의 교가이다.

졸업생 재학생 모두 수출의 역군으로 나라 경제에 보답하여 대부분이 조국을 빛내려는 이상을 품고 거룩한 사명위해 일터인 현장에 남아 한땀한땀의 손끝 기능을 지키고 있는 것이다.

얼마 남지 않은 졸업을 눈앞에 두고 새삼 우리가 걸어 온 지난 일들을 되뇌이지 않을 수가 없습니다.

풍명의 초창기, 그것은 너무나도 배우기 위한 피나는 노력의 현장 바로 그것이었습니다.

교실이 없어서 강당에서 간부님을 선생님으로 모시고 공부를 했고 시원찮은 성적 때문에 손바닥을 곧은 자로 두서너 대 맞고 나면 절로 눈가에 이슬이 맺히기도 했습니다.

낮엔 일하고 밤에는 공부한다는 어렵고 힘든 일면을 뚫고 배우길 갈망하는 학생들의 숫자는 날로 늘어났고 이것을 계기로 통신학교는 풍명의 모체가 되어 오늘에 이른 것입니다.

4월의 체육대회, 백일장, 문학의 밤, 시화전, 화음의 경연 합창대회와 모교의 특성을 살린 미의 대결 의상발표회 등 어느 것 하나라도 제 가슴을 울려주지 않는 것이 없었습니다.

많은 교우와 존경하는 선생님, 몸은 몹시 피곤해도 출석하여 자리에 앉으면 금방이라도 정신이 맑아지고는 했습니다. 꿈처럼 그리워했던 날들이었습니다.

"사막이 아름다울 수 있는 것은 그 속에 숨겨진 오아시스 때문이다."라는 말이 있습니다. 그것은 천지가 모래로 덮히고 열풍이 휘몰아쳐서 어느 것 하나 존재할 수 없는 곳이지만 사막은 오아시스를 품고 있는 까닭에 아름다울 수 있었던 것입니다.

그렇습니다. 우리는 가난합니다. 그러나 우리는 우리의 운명을 스스로 개척해 나가고 있습니다. 어떠한 좌절도 우리에겐 어울리지 않는 일일 것입니다. 바로 그것입니다. 우리의 아름다움은 노력하는 그 자체일 것입니다.

작은 것 하나라도 아낄 줄 알며 따뜻한 손길에 감사할 줄 아는 마음이 우리가 간직한 재산이요 아름다움일 것입니다.

교우 여러분, 이제는 우리도 일어 설 때가 온 것 같습니다. 다함께 나아가야할 시점에 온 것입니다. 나의 운명은 물론이요 선배님들께서 닦아 놓은 터전 위에 창조 정신과 아끼는 마음으로 새롭고 알찬 우리 모교의 전통을 세워야 할 시점에 이른 것입니다.

그리하여 어느 대열에서도 손색이 없는 풍명인이 되어야 할 것입니다.

자율화의 물결에 휩싸여 자칫 이성을 잃어가는 행동, 즉 학생신분에 어긋난 복장과 머리 모양 등 그릇된 인격을 갖춘 학생이어서는 안 될 것이며 특히 교육을 받는 우리로서는 학교에서 배운 지식을 통하여 무엇보다 도덕적 자각에 앞장서야 할 것입니다.

교우 여러분, 늘 성실과 근면한 정신으로 생활해 주실 것을 부탁드리며 어려운 일이 있을 때 슬기롭게 해쳐 나갈 수 있는 지혜와 용기, 현실에 대한 긍지를 가져 주십시오.

우리는 "공명은 허위로 이룰 수 없다."는 말과 "하늘은 스스로 돕는 자를 돕는다."라는 말을 믿습니다.

우리 풍명인이 외친 구령 소리가 메아리로 화하여 울리고 있습니다.
우리의 앞날은 끊임없이 발전하며 날로 새로울 것입니다.

이상은 1983학년도 학도호국단위원장(학생회장) 서연순의 글이다.

"몸은 몹시 피곤해도 출석하여 자리에 앉으면 금방이라도 정신이 맑아지고" 하던 배움의 터전을 떠남에 앞 서 그 아쉬움을 재학생들에게 들려주는 말이다.

1985년 4월 10일, 21명으로 발의 된 풍명실업고등학교 동문회는 제1대 회장에 장영준, 제2대 회장에 전영재, 부회장 전희순, 총무 이진숙이 1988년 제3대 회장에 백운갑, 부회장 전희순, 현종의, 총무 배순자가 동문회를 이끌며 서로 친목을 도모하고 산학연계, 산학협동으로 모교와 모기업의 발전에 힘을 모았다.

1988년 2월 13일, 풍명실업고등학교의 제8회 졸업식은 208명의 졸업생을 배출했다.

〈재학생〉 형설의 공이 높이 빛나는 풍명 언니들 위에
　　　　　행복 드리리 우리가 헤어져 멀리 있을지라도
　　　　　아름답던 추억 잊지 않으리 오 나의 언니 어이
　　　　　이별할거나 오 나의 언니 편히 가시오
〈졸업생〉 세월이 흘러 벌써 3년 지났네 정답던 얼굴
　　　　　헤어질거나 아름답던 추억 길이 간직하면서
　　　　　그리운 내 아우들 잊지 않으리 오 나의 모교

어이 이별할거나 오 나의 모교 길이 빛나라
〈다같이〉 석별의 정을 잊지 못하는 마음 아쉬운 속에
헤어질거나 사랑 빛 잠기는 빛난 눈동자에는
이 자리 이 마음을 간직하리라 우리의 풍명
길이 길이 빛나라 우리의 풍명 영원하리라

이상은 풍명여자고등학교의 졸업가이다.

어느 해의 졸업식이든 그러했지만 여기저기서 들썩이는 어깨와 범벅이 된 눈물의 졸업식이 끝나고 축하객의 꽃다발의 물결이 넘치고 있을 때였다.

1988년 11월 30일, 제25회 수출의 날에 '5천만불수출탑'을 수상하고 연말 수출실적 US$ 62,188,966,600을 향한 우렁찬 일치단결의 해이기에 성대하게 이루어진 졸업식에 참여하여 축사를 한 후, 식이 끝나자 퇴장하는 학교 설립자를 향해 계란 하나가 날아들었다.

얼떨결에 봉변을 당했지만 그는 전혀 마음의 동요를 보이지 않았다. 역시 대범한 분이었다. 일하면서 배우는 학교를 세우고 일체의 교육경비를 부담하고 '정송장학금'을 지급하는 등 지극 정성으로 사랑을 베푸는 CEO에게 저주의 화살이 날아 온 것이다.

6개월 전에 경험했던 노사쟁투의 앙금이 아직도 남아 있었던 것인지. 순식간에 일어난 일이라 계란을 던진 사람이 누구인지 찾을 수도 없는 상황이었지만 당한 사람도 전혀 안색 하나 붉히지 않는 태연자약이었다. 그냥 있을 수 있는 일로 치부하고 유야무야가 된 해프닝으로 끝나 버렸지만 그 이면의 시사점은 많은 것을 생각하게 하였다.

학생포상기준

제1조. 재학생에 대한 포상

1. 우등상 수상자는 다음 각 호 모두에 해당되는 자로 학년말 사정회의 심의를 거쳐 학교장이 결정한다.

   가. 1, 2학기말 환산 평균의 합이 9.00이상이고 '양', '가'가 없는 학생.
   나. 결석 5일 이하인 학생.
   다. 해당학년도에 중징계를 받은 사실이 없는 학생.
   라. 행동발달 평가에서 '다'를 받지 않은 학생.

2. 1년 개근상 수상자는 해당 학년도에 결석, 지각, 조퇴, 결과가 없는 학생으로 정한다.

제2조. 졸업생 사정

1. 졸업은 재학생의 진급 사정 규정에 준하며 졸업사정회 심의를 거쳐 학교장이 결정한다.
2. 졸업생 포상은 다음과 같이 한다.
   가. 우등상: 재학생 기준과 동일.
   나. 3년개근상: 학년별로 3년 개근한 학생.
   다. 3년정근상: 3개년 간 지각, 조퇴, 결과가 각각 2회 이상을 초과하지 않은 학생 (결석 1일 미만)
   라. 1년 개근상: 1개년간 개근한 학생.
   마. 공로상: 교내외 활동에 공로가 뚜렷하여 타의 모범이 되고 학교 발전에 공로가 있는 자.
   바. 선행봉사상: 남다른 선행 및 봉사 사실이 있는 학생.

제3조. 본 규정에 적용되지 않는 사항은 사정회에서 심의 결정한다.

1990년 3월 일
풍명여자고등학교

풍명여고학도호국단 운영규정 총칙 및 조직체계도

제1장 총 칙

제1조 (목적) 이 규정은 풍명여자고등학교에 설치하는 학도호국단의 운영에 관하여 학도호국단설치령(이하 '령'이라 한다.) 및 동령 시행세칙(이하 '세칙'이라 한다)에서 위임된 사항과 기타 시행상 필요한 사항을 규정함을 목적으로 한다.

제2조 (운영방침) 학도호국단은 령 제1조의 규정에 의하여 학풍을 쇄신하고 정신 전력을 배양하여 배우면서 지키는 호국학도로서의 사명을 완수함을 기본 이념으로 하여 다음과 같은 운영방침을 세운다.
  1. 학도호국단은 세칙 제3조에 의한 운영 계획에 의하여 운영한다.
  2. 단장을 중심으로 일사불란한 지도 체계를 확립한다.
  3. 교직원 및 학생 전원으로 조직하며 호국단체로서의 역할을 신장한다.
  4. 교직원은 지도 요원이 되어 그 부과된 임무를 최대한으로 발휘한다.
  5. 학도호국단의 기본 정신에 배치되는 단체의 파생을 억제한다.
  6. 각종의 대민 봉사활동에 적극 참여한다.
  7. 학생 군사교육을 철저히 실시하며 전시나 사변 또는 이에 준하는 국가비상사태에 대처할 수 있는 태세를 확립한다.

제3조(임무) 학도호국단은 령 제12조의 기능을 완수하기 위하여 다음의 임무를 수행한다.

1. 국가 안보에 관한 정신교육 실시
2. 학생의 면학 기풍의 진작
3. 학생 군사훈련의 실시
4. 새마을운동에의 참여
5. 의료봉사, 근로봉사, 계몽활동 등의 각종 봉사활동
6. 비상사태하에 있어서의 사회질서 유지
7. 전시 하에서의 구호 사업의 전개, 파괴시설의 복구
8. 작전지역에서의 군사 지원 협조 또는 지역방위 부담
9. 부서의 주관에 의한 학, 예술 및 체육활동
10. 기타 학도호국단의 기능에 따르는 활동

제3장
잘 살아 보세

섬유산업이 이끈 경제 성장

제조업으로서 한국 공업의 중추를 이룬 섬유산업은 1950년대 들어 제조업 성장을 주도했다. 그러나 1960년대에 들어와서는 내수 규모를 뛰어 넘는 과잉시설로 몸살을 앓았고 제1차 경제계획에서 소외되어 성장 속도가 늦어지게 되었다.

그러나 1964년 이후 섬유제품의 해외 수요 증대에 자극을 받은 섬유산업은 활기를 되찾아 1965년에는 24.1%의 괄목할만한 성장률을 기록하고 한국경제의 중추 산업으로 자리한다.

제1차 경제계발 5개년 계획을 마감하는 1966년의 섬유산업은 전년대비 11.1%로 낮아 졌으나 정부의 수출드라이브 정책에 따른 외화획득 산업으로 다시 한 번 주목을 받은 것은 의미 있는 일이었다.

1966년도의 섬유산업의 주종이었던 면방직 공업의 성장 템포가 둔화되었으나, 직물, 메리야스 등 소위 중소기업 규모의 섬유 제조업이 급성장을 보였다.

그 원인은 나일론 직물의 세계적인 수요증대, 나일론 원사 도입가격 하락, 수출업체에 대한 우대불 배정, 중소기업 자금방출의 타이밍, 상품의 품질향상 등에서 찾을 수 있다.

더구나 모방직 공업도 원활해진 원료 공급과 시설확충, 수출 수요증대로 생산활동이 확대되었으며 화섬공업도 상공정책에 따라 신규 공장이 경쟁적으로 건설되어 섬유산업 전반이 활기를 띠게 되었다.

1966년 섬유제품 수출은 6,886만 달러로 총 수출에서 그 비중이 26.7%에 이르렀고 공산품 수출에서는 43.1%를 차지하였다.

이는 곧, 섬유산업이 내수산업에서 수출산업 체제로 전환되었음을 뜻하고 주요한 수출전략 산업으로 기반을 확립했다는 반증이기도 했다.

이러한 결과는 수출 수요의 급속한 팽창, 경제지표의 고도성장으로 인한 내수의 지속적 신장, 투자요인 확대와 양산 체제를 위한 효율적 시설 투자, 다양한 섬유제품의 생산구조에 힘입은 바 컸다.

이와 같은 성장의 이면에는 정부 당국의 효율적 지원이나 업계의 대응 노력이 결정적이었다.

1967년 10월 1일 발효된 '공산품 품질관리법'은 섬유 제품 품질표시제를 도입하므로써 각종 섬유제품의 품질향상에 기여하고, 그동안 10여개의 섬유산업단체들을 통합한 '한국섬유단체 연합협의회'를 발족하여 섬유산업의 지속적 성장과 발전에 견인차 역할을 했던 것이다.

1968년 섬유산업은 화학섬유 부분이 성장을 이끌었다.

대한화섬 포리에스텔 공장, 한국 나일론 대구공장, 동양나일론 울산공장, 그리고, 선경화섬 아세테이트 인견사 공장 등이 본격적인 생산 활동에 들어감으로서 국내 화학섬유 생산능력이 배가 되었다. 따라서 섬유산업의 성장률도 25.6%를 기록하여 지속적 높은 성장을 이룩했다.

더구나 1968년에는 제조업 부문에 도입된 외자 총액의 32.6%인 6천 3백만 달러가 섬유산업에 집중 투자되었다.

1969년대 이후에도 한국 경제는 고도성장을 지속했다.

정부의 섬유공업에 대한 '임시조치법' 시행령 및 시행세칙이 발효가 되었고 고용규모면에서도 1969년 약165,155명으로 전년대비 5%증가하였고 풍부한 노동력을 바탕으로 성장해 온 섬유산업은 노동집약적 특성으로 전체 총 고용 인구의 3분의 1에 육박하는 거대산업으로 자리 잡았다.

또 한 가지 취업 구조상 특징은 전 업종에서 차지하는 여자 종업원의 비중이 70%이상을 점하고 있다는 점이었다. 이는 섬유산업 특유의 작업조건에 연유되고 노동 생산성이나 임금수준의 한계에서 비롯된 것이리라.

그 예로 1969년 9월 현재 섬유산업 종사자의 임금은 전체 제조업 월평균 임금 11,600원에 훨씬 못 미치는 9,200원에 머물렀다.

비교적 성공적인 한국의 섬유제품 수출의 실적은 개발도상국으로서 풍부한 노동력과 저임금으로 가격 경쟁에서 비교 우위를 점했기에 가능했던 것이다.

1960년대 경제 성장과 수출신장에 크게 기여했던 섬유산업, 특히 1960년대 후반의 괄목할만한 섬유제품 수출 증가의 요인은

1. 섬유산업 생산체제가 내수에서 수출용 시설확충의 수출체제로 전환된 점
2. 면직물, 합섬직물, 각종의류, 스웨터 등 전략상품의 해외시장 수요가 급증한 점
3. 내수 시장 불황의 탈출구로 수출총력을 택한 점
4. 양산체제의 확립, 생산의 계열화를 통해 섬유산업의 국제 경쟁력이 강화된 점
5. 품질 향상과 다양한 디자인 개발을 통한 수요 창출
6. 정부의 효율적 수출 지원책이 대단한 성과를 거두었기 때문이었다.

그러나 이에 대한 역작용으로 선진국의 섬유류 규제조치 등 수출전선에 큰 장벽이 등장하게 된다.

특히 섬유제품의 최대 수출시장이었던 미국 EEC 등은 국제수지 악화와 자국 산업 보호를 위해 수입 제한 조치를 확대 강화하는 추세로 관세 장벽을 더욱 높였다.

덩달아 후진국 그룹도 자국의 수요 충족을 위해 공장 증설과 시설확장으로 섬유 자급 체제를 확립하여 상품을 대량 생산함으로써 선진 세계 섬유 시장 활성화에 제동을 걸었기 때문이었다.

개발도상국인 우리나라의 섬유제품 수출 구조는 뚜렷한 특징을 가지고 있었는데, 그 점은 선진국에 비해 풍부한 노동력과 저임금이 수출시장 점유율의 우위를 확보하는 요인이 되었고 후진국 그룹과는 차별화하여 화학섬유의 자급도를 높이어 다른 나라로부터의 원자재 수입을 줄인 것이 가격 경쟁 면에서 우위를 점할 수 있는 필요 요건이었다.

그리하여, 1960년대의 한국 경제성장을 주도했던 섬유 산업은 디딤돌과 걸림돌의 요인을 앞에 두고 1970년대의 성장 가도를 달리게 된 것이다.

지겨운 꽹과리 소리

　1987년 8월 13일 19시 30분, (주)삼풍 안양공장 광장을 가득 메운 근로자들은 누군가가 미리 나누어 준 전단지를 손에 들고 자기들의 요구사항을 하나하나 복창하기 시작했다.
　이른 바 6.29선언을 받아낸 자유화 물결이 자기 몫 챙기기의 물결로 이어져 온 나라의 생산 현장을 휩쓸었다. '삼풍'의 제1차 노사분규가 터진 것이다.
　14일부터 전면 파업에 들어간 근로자들은 스물여섯 가지 요구 사항을 들고 나왔고 그 중요 내용은 어용노조 철폐, 임금 30% 인상, 법정공휴일 휴무제 실시, 학자금 지급, 연월차수당 지급, 봉급 잔돈처리, 복지시설 완비, 근무복 연2차 무상지급, 월급자 연장근무수당 지급 등이었으며 풍명실업고등학교 학생 신분을 가진 노조원들은 이와 별도로 야근제도 폐지, 학교장 겸직 폐지, 어용교사 퇴진 등을 요구사항으로 내 걸었다.

　이 1차 노사분규는 연 사흘간 밤낮으로 고함과 북과 꽹과리, 장구소리의 연속이었는데 그 쟁점을 학교 문제에 결부해 보면 야근제도 폐지 문제는 수출품 선적시기를 맞추느라고 생산 현장의 어떤 부서 특히 '상의완성'과 '하의완성'은 연장과 야근이 잦았다. 이럴 경우 이 부서에 소속된 학생들은 학교에 지각 등교를 하거나 아예 결석을 하기 마련인데 오랜 기간 이런 상황이 지속되는 경우가 많았다. 허나, 섬유업종 가운데 정해진 시간에 교대가 가능한 기계방직이 아닌 봉재수공인 현장 성격상 어쩔 수 없는 작업 환경이었고 명분상으로는 야근연장을 현장실습 교과목 수업으로 대치 평가하고 있었는데 그 정도가 심한 경우가 많아 노사분규 요구조건의 시정사항이었다.
　또 다른 요구사항 '학교장 겸직폐지'는 당시 안양공장 이형대공장장이 교직경험이 없이 학교장을 겸직하고 있었던 바, 두 가지 직책의 성격상 노동력을 얻기 위한 수단으로써 학교 행정을 꾸려가는 것이 아닌가 하는 의혹을 불러일으키고 있었던 것이다. 그러나 실제 이형대 교장은 학교일은 나에게 전적으로 맡기고 생산 현장에만 전력투구하고 있었다.

세 번째 요구사항인 '어용교사문제'는 실질적으로 학교 교육과 학사행정을 당시 교감 신분인 본인이 주도했으므로 그 표적이 '나' 임이 분명했다.

연사홀간 밤낮으로 이어진 확성기 소리와 꽹과리 소리는 지겨웠다. 그러나 나는 학교현장에 남아 있는 것이 도리임을 알고 수업이 없는 학교에서 퇴근을 않고 며칠 밤을 뜬 눈으로 밤을 새우며 붉은 눈으로 귀가했더니, "너무 상심마라, 까짓거 그만 두면 되지"하시는 팔순 노모의 위안에 눈물이 났다.

"너무 힘들지…. 참고 이겨내야지."
학생들이 야근 연장으로 학교 수업에 참여하지 못하고 야간작업에 열중해 있는 모습이 너무나 안쓰러워서 작업 현장으로 가서 격려를 하면 그들은 가녀린 손으로 익숙한 동작을 하며 티없이 맑은 소녀의 얼굴로 배시시 웃는다.
나는 다시 말을 이었다.
"너희 부서는 현장실습이 너무 많구나, 그렇지…."하며 어깨를 두드려 주고 현장을 떠났었는데 그 후에 들리는 말에 의하면 선생님이 작업 현장에는 안 왔으면 좋겠다는 것이었다. 일하는 모습을 선생님께 보여주고 싶지 않다는 근로천시 사상이 그들로 하여금 '교실에 앉아 있는 학생'으로만 선생님을 대하고 싶었던 것이다.
그러므로 어용교사 퇴진은 학생들을 야근시키는 회사의 작업일정을 합리화하기 위한 맞장구 즉, 학교 측의 동반 협조로 인식되어 문제가 되었던 것이다.

1980년의 나의 결단이 후회스럽기도 하다.
서울에서의 교직생활, 자녀들의 교육문제, 재산권 유지 등 여러 가지 문제를 밀쳐두고, 보람 있는 일, 누구의 도움을 받아야 할 사람을 교육하는 일에 의미를 부여하고 다람쥐 쳇바퀴 돌듯 하는 일상에서의 탈출, 어떤 새로운 변화에 대한 목마름으로 내던진 안정된 직장, 사실상 야간 수업을 하는 지방의 산업체 부설학교에 부임한다는 사실은 일대 모험이었고 가족들의 완강한 반대에 부딪치기도 했다.

아무튼 서울에서의 교직 생활을 접고 안양 근교의 명학에 이르는 비포장의 '춤추는 길(댄싱 로드: 외국인 바이어가 명명)' '굴곡이 심한 흙길 끝의 (주) 삼풍부설 풍명중 실업고등학교학교에서의 사원대우를 받는 현실, 당시는 학교가 상업고등학교 체제로써 상과 교사의 부족으로 국문과 출신의 국어선생님이었던 내가, 교과과목 중' 상업대요를 강의하기 위해 머리를 싸매고 교재연구를 하여 열심히 가르친 졸업생 가운데 장영준 군이 노조위원장이 되어 어용교사 물러가라고 외치는 현실은 가슴 아픈 일이었다.

더구나, 훗날 다음과 같은 편지를 보내 온, 학도호국단단장(학생회장) 임태호 군이 농성 현장에서 어용교사 물러가라고 삿대질을 해대는 모습은 아이러니한 일면을 보이기는 했어나 그로서는 어쩔 수 없는 처신이었다.

존경하는 선생님께

푸르던 나무 잎새도 그동안의 무겁고 고통스럽던 모든 짐을 하나 둘 떨어뜨리는가 싶더니 이제 새로운 천사의 하얀 옷을 입기위해 곧은 자세로 묵묵히 때를 기다리는 것 같습니다.

바로 이 자세가 선생님의 높고 훌륭한 자세가 아니었나 싶습니다.

그동안 말썽만 피우던 저희에게 정신적으로 큰 힘이 되어 주셨던 선생님, 이 모두가 제자를 사랑하신 넓은 포용력이라 생각하니 철없던 저의 행동을 크게 뉘우침이 마음속에서부터 제 몸의 행동으로 옮겨짐을 느낍니다.

정말 이 못난 저희들을 위해 고생 많이 하셨습니다하고 이 말씀밖에 또 드릴만한 답을 찾을 길이 없습니다.

어려운 환경 속에서도 멋있는 꽃과 열매를 알차게 맺을 수 있게 해주신 은혜는 저는 영원히 잊지 않고 더욱더 자신을 개척할 수 있는 힘이 되었습니다.

이제 하루하루가 아쉽고 안타까워 견딜 수가 없습니다.

좀 더 학창시절이 연장되었으면 하는 마음이 들 때가 한두 번이 아니었습니다.

선생님, 저는 이제 올 한 해에 너무도 큰 저 자신의 삶의 좌표를 찾았고요 더욱더 저 자신을 채찍질 하여서 선생님의 은혜에 보답코져 최선을 다 하겠습니다.

고생하신 우리 선생님
새해에는 더욱 더 건강하시고요
저 후배 많이 아껴주세요.

저는 졸업식 후에도 찾아가 뵙고 인사드리겠습니다.
그럼 이만 그치겠습니다.

1987. 12. 14
학생회장 임태호 올림

나는 다시 불을 밝히고 제자들로부터 받은 편지 중 마른 꽃잎을 붙인 편지 하나를 찾아 읽었다.

그리운 은사님께

선생님 문하를 떠난 지도 벌써 4개월이 접어들고 있습니다.

물 오른 가지마다 연두빛 잎사귀가 열리고 진달래, 라일락, 벚꽃, 앵두꽃 헤아릴 수 없는 꽃들이 정원을 가득히 메우고 유난스레 진달래가 물든 산야에 시선을 돌리노라면 진달래가 아니라 '핀달래' 라시던 선생님의 특별하신 유머스러움에 먼 산으로 웃음을 던집니다.

오늘도 선생님의 음성을 들으려 5월의 창을 엽니다.

파아란 하늘이 활짝 열린 오후예요.

기숙사 방안 가득 비발디의 4계가 방안 가득 감돌다가 창 너머 포플러 잎사귀에 앉았으요. 거기서 참새를 만나서 방안의 비밀을 모두 이야기하는 모양이에요. 했더니, 이 가지 저 가지를 한참이나 건너뛰더니 참새 한 마리가 수예를 놓고 있는 제 모습을 빤히 지켜보고 있지 않겠으요.

선생님 그동안 어떻게 생활하고 계셨는지 궁금합니다. 사모님과 할머니, 아이들도 모두 건강하시겠지요.

저는 늘 선생님의 어진 은혜로 건강한 생활 속에서 일하고 있습니다.

항상 선생님께 드리지 못한 편지 때문인지 하루라도 선생님을 더욱 잊을 수가 없습니다.

선생님 오늘따라 오후의 한나절이 이렇게 평화로울 수가 없나이다.

이 땅과 어버이와 스승님께 은혜로운 감사를 퍼붓고 싶습니다.

창을 열고 방에 누우면 짙푸른 하늘이 가슴가득 펴 있고 포플러 키 큰 나무가 우뚝 가지를 떠받들고 있어서 시를 쓰게 하고, 더욱이나 하늘거리는 포플러 잎사귀가 햇살에 반짝거려서 마치 고기비늘처럼 반들거리는 모습을 보니 가슴이 부풀어서 숨이 벅차기만 합니다.

언제인지 매운 바람소리는 어느 계절을 타고 가버렸는지 잎과 잎이 부딪치는 소리가 5월을 더욱 감미로운 풍취에 젖게 합니다.

너무나 보고 싶은 선생님께 5월 하늘보다 더 높고 넓으신 선생님께 제가 그만 안기고 말 아질 것 같습니다.

빛나신 선생님.

하루도 아이들(학생들)에게 선생님의 소식을 묻지 않을 때가 없나이다. 퇴근길마다 학교를 우러러보지 않을 때가 없나이다. 그 안에서 배운 것 중 그 어느 한 가지를 버릴 수 없음을 이제사 깨달음 속에서 발판으로 딛습니다.

한 걸음 두 걸음 옮길 때마다 스승님의 은혜를 뼈저리게 느낍니다.

사회생활이 냉철한 가운데서도 지혜로운 판단력과 투철한 창조력이 막힌 두뇌를 박차고 나옵니다.

선생님 얼마전에 '양장3하의'로, 직책이 조장으로 발령을 받게 되었습니다.

신설 라인이라 주야로 뛰면서 몸무게의 손해를 치루었지만, 아직도 부족해선지 부진한 상태이고 특히 신입사원들을 일일이 가르쳐서 테스트하고, 모든 일이 계획과 실시와 점검하는 가운데에서 꼬박 하루를 아쉽게 보내는 생활입니다.

존경하는 선생님,

어제와 오늘과 매일과 내일에도 선생님의 사랑의 열매는 모드니(모든이)에게 나누어 주어도 변함이 없나이까.

선생님 생각하는 것과 보는 것이 크고 더커서 제가 들 수없는 것을 들 수 있을 거라는 생각을 믿고 있는지 모르겠습니다. 승리 아니면 그 무엇을 바라기 싫고, 후회스러운 언사만 들어도 듣기가 싫어지는 버릇이 생겨지고 있어요.

자신이 기백해져서 스스로 책망을 하지만 선생님께서 책망을 주셨음 싶어요.

선생님! 오후 햇살이 그림자를 안고 하얀 빨래가 널린 건조실을 스칩니다.

소꿉놀이하는 아이들이 어느 틈에 왔는지 3명이서 반쯤 허리를 돌려놓고 저녁상을 놓으려는 모양입니다.

저녁해가 스러져가는 소리가 먼 데서 달과 교차하는 이별의 찬가인가 보옵니다.

그럼 선생님, 항상 건강하시길 하나님께 기도드리겠습니다.

안녕히 계십시오.

1984. 5. 6
선생님을 끝없이 존경하는 점희 드림

행복은 빈 방에 가득한 햇빛 같은 것, 참새 우짖는 기숙사 창가에서 수예를 놓으며 문예반 반장이었던 문학소녀가 스승을 생각하는 마음으로 전하는, 시정과 정감이 넘치는 이렇게 아름다운 편지를 받아 볼 사람은 누구인가?

가장 값진 것을 가진 나는 행복하다.

한꺼번에 터진 근로자들의 욕구는 전반적인 사회풍조의 거센 물결이었다.

촉각을 곤두세우고 있던 이형대 공장장과 김삼석 회장, 신상길 사장 등 임직원들은 8월 15일 대책회의를 거듭하고 노사의 원만한 협의를 통해 문제를 해결한다는 방침을 정하고 근로자 대표 전기만, 최효경, 전영재, 김노일, 장영준… 등과 함께 마라톤 회의 끝에 '삼풍노사합의서'를 작성했다.

이 노사합의서는 근로자 요구사항 중 퇴직금 누진제를 제외한 전 항목에 대한 전면 실시, 또는 단계별 개선방안을 담았고 1987년 8월 17일부터 전사원이 정시 출근하여 정상작업에 들어간다는 내용이었다.

그러나, 합의 내용 제1안 노조집행부 구성에 대한 쌍방의 견해차가 노출되어 8월 31일 제2차 노사분규로 이어졌으며 9월 1일 제4대 노조위원장 이병우가 사퇴하고 1988년 제5대 삼풍노동조합위원장에 풍명실업고등학교 출신인 장영준이 당선되어 문제 해결의 실마리를 찾았다.

오사카에서의 비즈니스

1986년 9월 26일, 주식회사 삼풍은 (주)고려무역이 주관하고 무역협회가 후원하는 오사카 '한국상품직매센터(코리아 프라자: KOREA PLAZA)'에 신사복 코너를 개설하기 위한 매장 사용계약이 이루어 졌다.

당시, 1품목 1매장 원칙에 따라 Suits, S/coat, Pants, O/Coat, T/coat, R/coat 등의 신사복과, 남성복을 취급 상품으로 결정하고 계약에 명시했다.

1986년 10월 23일은 한국외환은행으로부터 오사카 해외 사무소 설치 인정을 얻고 동년, 12월 2일 동산진흥주식회사의 최문기 사장이 현지에 부임하여 동년 12월 8일 '코리아 프라자'는 오픈되었다.

이에, 나는 학교 책임자로서, 학교를 설립한 모기업의 발전에 도움을 주는 의미에서 해외시장 개척의 비즈니스에 기꺼이 동참하는 기회를 가진 것이다.

개점 초기라 파견된 사원은 수출 업무와 입출고 업무를 맡아보는 본사의 이재홍 과장과 현지판매는 '(주)캠브리지 삼풍'의 윤재상 씨뿐이었다. 그러므로 최문기 사장도 솔선수범한, 양복을 옷걸이에 걸어 매장 안에 진열하는 작업은 나를 포함한 네 명의 손길도 모자랐다.

오랜 시간, 그 일에 열중하다보니, 기력이 다하여 잠시 혼절하여 주저앉기도 하는 해프닝을 연출하기도 했으나, 결국 성공적으로 마무리가 되어 개장할 수가 있었다.

그러나, 선진국 일본의 장벽은 높았다. 2년을 넘기지 못하고 (주)삼풍의 일본 오사카 매장은 일본 시장 진출의 꿈을 접고 말았다.

사실, 수입 제한 장벽이 날로 높아가는 미국 시장과는 달리 비쿼터 지역인 일본 시장의 개척과 정보 수집, 그리고 원부자재 확보 및 원활한 공급을 목적으로 한 오사카 지점의 개설은 일단 성공적인 출발을 한 셈인데, 이러한 판단에 따라 동년 12월 27일 일본 특허청에 'Sampoong'과 'Musman' 상표로 지정상품 제 17류 피복과, 이에 속하는 상품의 상표등록을 출원했던 것이다.

지금까지의 OEM, 주문자 상표 부착 방식에서 벗어나 '삼풍'의 고유 상표로 일본 시장을 공략해 보겠다는 김삼석 회장의 원대한 꿈이 싹을 틔운 것이었다.

하지만, 1988년엔 이미 '코리아프라자' 매장을 떠나는 업체들이 속출했고 더 이상의 활로는 없어 개장 2년 만에 문을 닫기에 이른 것이다.

결국, 한국 우수상품 신사복의 일본 진출은 좌절된 셈이었다.

이렇게 장벽이 두터운 일본을 축소 지향의 나라로 보는 것은 동전의 한 면만 보고 다른 면은 보지 못한 견해일성 싶다.

물론 앙징스럽고 귀여운 신소재 소프트웨어 제품들을 보면 단소화(短小化)한 초미(超微)의 축소지향의 성향을 감지할 수 있다. 그리하여 간편하게 취급하고 손쉽게 작동하는 상품들로 세계시장을 석권한 것은 결코 우연한 일이 아니다.

그러나 실제로 본 일본의 면모는 거대와 축소의 양면성을 구비하고 있다고 보아야 할 것이다.

임진왜란을 일으킨 도요토미 히데요시가 축성한 오사카성의 거대한 돌과, 옛 도시 '나라' 동대사(東大寺)의 대불(大佛)은, 필시, 백제나 신라계의 도래인(渡來人)이 만든 것이라고 하지만, 상상을 절한 것이었고 '나라' 교외의 원시림 등은 결코 그들이 축소 지향만의 민족이 아님을 입증하고 있었다.

바다 가운데 떠 있는 조그마한 섬나라로 만족하지 않고 대동아 공영권을 주장하고 초강대국을 상대로 세계대전을 일으키고, 자기들에게 문명을 전수해 준 스승의 나라이자 선진국이었던 우리나라에 임진, 정유, 경술의 침탈을 자행한 것은 황당무계한 확대 지향의 소이(所以)에서 비롯된 것이지 결코 축소 지향이 아니잖는가. 그리고 오늘날 세계 굴지의 부국으로 최대의 무역 흑자국이 된 이유는 무엇일까. 한 마디로 축소와 확대의 절묘한 조화가 그 원인이 아닐까?

섬세하고 정밀한 축소와 거대하고 광활한 확장이 공존하는 사회인 것이다.

자율과 통제가 함께 지켜지는 나라, 세계에서 가장 책을 많이 읽는 국민이 있는 나라라지만, 책방에 들러 보면 진열된 대부분의 책들이 성인 만화 등 가벼운 읽을거리뿐이었다. 우리나라도 지금은 사정이 달라졌지만, 1970년대를 전후하여 보면, 가벼운 읽을거리 보다는 셰익스피어 전집이니 연려실기술이니 하는 책들이 서가에서 우리의 얇은 호주머니를 뒤적이게 하던 기억과는 너무나 대조적이었다.

그러므로, 우리는 승일(勝日)의 내일을 낙관해도 좋을 듯하다.

한국 일류 제품 신사복의 일본 진출이 좌절되었다고 해서 낙망하지 말아야 한다.

간편한 가구와 좁은 아파트, 소량의 음식을 섭취하면서도 장수하는 나라, 나라는 부국이나, 국민은 가난하게 사는 나라, 어떻게 보면 세계에서 가장 부지런하게 평생을 일하며 살아, 덧니가 나고 허리가 구부정한 일본 국민이, 어떤 의미에서 동정과 연민의 민족일 수도 있다는 생각을 지울 수 없었다.

생산 현장의 반란

'캠브리지 삼풍'의 1만여 평의 공장부지에 저녁 어스름이 깃들면 사위는 어둠에 쌓여 적막해 지고 학교 건물에만 훤히 전기불이 밝혀지기 마련이다.

그러나 특별히 야근·연장이 많은 날에는 재단, 상의실, 하의실, 프레스, 조끼, 양장, 완성, 검사 등의 부서가 들어있는 공장도 일제히 불을 밝히어 불야성을 이룬다.

국내 신사복의 내수시장이 호황을 누리고, 수출신장으로 외국으로 실어 낼 신사복 물량이 많아, 선적 날짜에 맞추어 수송을 하자면 생산 현장의 야근, 연장은 불가피한 일이었다. 하지만, 학생들을 교육해야할 학교 입장에서는 이런 날이 지속되는 것은 고통이요 아픔이었다.

회사 종업원이자 학교 학생 신분인 근로청소년들의 무더기 지각, 결석이 이루어지기 때문이다.

위에서 밝힌 여러 생산부서 중 특히 프레스(다림질), 완성, 검사 등은 그 일에 종사하는 종업원이 학생 신분이 많으므로 야근·연장이 많은 편이었다. 그러므로 일의 성격상 어떤 부서는 일주일, 보름, 한 달포쯤 야근·연장이 이어지는 경우가 허다했다.

이럴 경우, 학교행정 책임자인 나로서는 공장장실을 노크하고 새로운 운영 기법으로 야근, 연장을 줄이어 학생들이 학교에 와서 공부할 수 있게 해 달라고 간청을 하지만 '회사가 있고 학생이 있지, 학교가 있고 회사가 있는 것이 아니'라는 면박을 받기가 일쑤였다. 회사 종업원에게 배움의 기회를 준 것이지 학생들에게 근로의 기회를 준 것이 아니라는 논리다. 이것이 부설학교의 태생적인 한계였다.

"학습이냐, 수출을 위한 야근이냐? 어느 것이 보편타당성을 갖는 현명한 판단일까? 생산부장인 저로서는 이 문제에 대한 답변을 얻지 못했습니다.

간단히 결론이 날 문제도 아니고, 역사의 흐름 속에서 훗날 사가(史家)들이 결론을 내릴 문제 같습니다.

   망설이는 저에게 교장선생님의 입장 보다는 생산 부장의 입장에 서서, 저에게 부담을 주지 않는 길을 열어 주었습니다.

   수출 후에 모든 이윤이 전체 근로자에게 공평히 분배된다면 학습의 희생에는 반대급부의 효과와 타당성이 있을 수도 있겠으나, 한국적 기업에서는 '누구를 위해 종을 쳐야하는가?'라는 명제에 대한 답변을 강요받으면서 나름대로 판단을 내려야 하므로 이점이 '자유의 질'을 구별해 주는 것 같습니다.

   봉재 산업의 산업체 부설학교의 생태적 고질인 야근 연장 문제를 후세 사가들에게 맡겨야 한다는 다소 과장된 견해일 수 있으나, 다소 무리하지만, 노동력의 투입이 이윤의 공정한 분배에 의미를 두겠다는 당시 배종환 생산부장의 편지글이다.

   필수 교과 중, 종합실습 24시간은 산업체 실습으로 대치한다는 시간 배정표를 뒤적여 보며 위안을 삼고, 멋쩍은 표정으로 복도 순시를 하며 텅 빈 교실에서 10여명의 학생들을 상대하여 수업하고 있는 선생님들을 보기가 민망하기 짝이 없다.

   소수의 학생을 상대한 제도교육은 수월성 교육을 위한 선진 교육이지만 그 상황이 아닌 것이 문제였다.

   이러한 상황을 예견하고 주말, 월말, 연말에 야근이 많을 수밖에 없는 부서의 학생들을 학급 편성할 때 여러 반으로 고루 배정하여 어느 한 반이 텅 비어 수업 불능 상태가 오지 않도록 했으나 빈 교실의 썰렁한 수업은 학생 개개인에게는 심각한 학습권 침해가 아닌가?

   동일한 기회를 주지 않는 교육 환경에서 중간고사, 기말고사에서 같은 조건으로 지필 시험을 치러 성적을 내어야 하는 모순을 어쩌랴? 그리고 그 내신 성적으로 대학에 진학하려는 학생이 부쩍 늘어나고 있는 현실을 어쩌랴?

이러한 상황은, 방직, 모방 계통의 회사 공장들은 일제히 이루어지는 3교대로 학교 출석의 불균형은 이루어지지 않지만 '캠브리지 삼풍'과 같은 신사복 봉재공장들의 공통된 운명이었다.

이 파행적 수업 진행의 원인과 결과가 나의 잘못인 것 같은 자책감으로 야근·연장이 자심한 날은 교장실에 앉아 있는 것이 바늘방석에 앉아 있는 것 같아 안절부절 못했다.
내가 왜 교사로서 정규학교의 정상교육을 버리고 이 길을 택했는지 하는 뉘우침을 저버릴 수가 없었다.
회사 사무실에 덧붙여 지은 5층의 학교 교사를 두어 차례 순시를 하고 많은 학생들이 정해진 수업시간에 공부를 할 수 없는 현실에, 생산 현장에라도 가서 학생들을 격려하고 위로하고 싶었다.
심야의 공장 안은 그야말로 활기가 넘쳐 있었다.
전자 가위로 피륙을 재단하고, 미싱으로 천을 깁고, 스팀을 풀어 다림질을 하고, 그야말로 생산 공정의 일관 작업이 착하고 선한 근로청소년들의 가녀린 손으로 이루어지고 있었다. 이러한 줄기차고 끈질긴 생산 활동에 힘입어 짧은 기간에 세계최빈국에서 선진국 대열에 서는 현장의 원동력을 발견할 수가 있었다.

"현숙아, 나야, 힘들지?"
발그레한 얼굴에 작업 모자를 쓰고 열심히 일을 하고 있는 이현숙에게 다가가 위로의 말을 던졌다. 이현숙은 나의 친인척의 자녀로 아버지의 사업 실패로 집안이 흩어지고 가정 사정이 어려워져 학업을 중단해야 하는 처지여서 스스로 벌어 공부할 수 있게 해달라는 부탁을 받아 나의 안내로 회사에 들어와 생산직에 근무하고 밤에는 학교에서 공부를 하는 학생이었는데 그 이현숙을 먼발치에서 발견하고 가까이 다가가 말을 걸었는데, 어렵소, 현숙은

못 볼 것을 본 것처럼 인사도 받지 않고 고개를 돌려 버리는 것이 아닌가.

워낙 일에 열중하고, 기계 소리에 내 말소리를 못 들을 수 있다는 생각으로 다시 큰 기침을 하고 '힘들지'하고 다시 말을 걸었으나 시선도 주지 않고 대꾸도 하지 않는다.

아, 이 단절의 의미는 무엇일까?

학업을 중단할 수밖에 없는 처지의 학생을 다시 공부할 수 있게 도와 준 사람에게 주는 싸늘한 냉기와 적대감이 아닌가?

나이 든 교사로서 일종의 허탈감을 느끼며 교장실로 돌아와 서랍을 열고 일전 제자에게서 받은 편지를 다시 읽었다.

"교장 선생님, 안녕하세요?

저는 '하의프레스'의 김영숙입니다.

교장선생님, 선생님은 학교에서만 뵙고 싶어요.

현장에는 안 오셨으면 해요.

왜냐면 저희는 학생이거든요. 공장에서 일하는 것은 학생이 되는 방법이거든요.

현장에서는 선생님을 뵙고 싶지 않아요.

아셨죠. 선생님.

1985년 10월 9일
김영숙

그렇다. 그들은 학생과 선생님의 관계로 사랑을 이어 갈 것을 소망하는 것이다.

특히 많은 학생이 야근·연장으로 수업을 받을 수 없는 날은 작업현장 출입을 삼가야 하는 것이었다.

많은 학생들이 수업을 받을 수 없는 야근·연장의 날, 학교 선생님들의 생산 현장을 방문하여 격려하는 것은, 공부는 안 시키고 회사를 돕는 입장에서 노동력 착취에 도움을 주는 행위로 간주되었던 것이다.

생산 현장에서의 그들은 조장이나 실장의 감시, 감독 만으로도 족하고, 선생님의 눈길은 피하고 싶었던 것이었다.

타의에 의한 학생들의 수업 결손이 교사들에게는 마음에 부담이 되어 일하는 현장으로 찾아가서 사제지간의 사랑을 전하고자 한 것은 잘못이었다.

물론, 근로 곧 건전한 활동인 노동을 천시하고 교육만을 중시하는 일부 학생들의 어리석은 생각이겠지만 결국 시간이 지나면 진정한 선생님들의 마음가짐은 그들에게 전달될 것이고 우연한 돌발 행동에 과잉 반응하는 것은 옳지 않을 것이라는 확신이 섰다.

교실 복도를 거닐며 교실 안의 수업 실태를 파악하고 있는데 웬일인지 정전이 되어 사방이 깜깜한 암흑천지로 변한다.

일시에 많은 전력이 소모되는 전력의 과부하로 정전이 된 것이다.

곧 자가 발전기의 발전으로 다시 불이 밝혀지지만 그 틈새를 이용하여 책상위에 이마를 대고 눈을 감고 잠시 휴식하던 학생들이 다시 고개를 들고 눈을 뜰 때, 그 착한 눈과 발그레하게 상기된 두 볼은 그렇게 아름다울 수가 없었다.

산업체 학교 존폐의 위기

    1987년을 전후하여 전국의 생산 현장을 휩쓴 노사분규는 걷잡을 수 없이 소용돌이 쳤다. 떡이 커져야 많이 나눌 수가 있다는 기업 측과 우선 있는 떡이라도 좀 더 많이 나누어 주어야 한다는 근로자 측의 욕구는 좀처럼 타협점을 찾지 못했다.
    물론, 근로자의 인권에 대한 기본적인 문제도 쟁점이기도 했지만 그 여파로 생산성은 떨어지고 기업이 도산하는 등 나라 경제 전반이 혼란에 빠지고 위축되었다.
    이렇게 되자 주식회사 '삼풍'도 예외가 아니어서 신입 사원을 줄이고, 학교 신입생을 감축하고 학기 중인데도 교실 징발, 학급 통폐합, 인위적 교사 감축을 종용해 오는 것이었다.
    전국의 산업체학교 전체가 학생모집의 인적 자원이 고갈되어 학교간의 치열한 신입생 유치경쟁으로 금전이 오고가는 현상이 빚어졌고, 풍명여자고등학교의 경우, 교감 박용자의 끈질기고 집요한 학생 모집의 안간힘에도 불구하고 실적은 미미했고 사원 처우의 선생님들은 폐교가 되면 정규 공립학교에 교사로 전출이 된다는 소문에, 말은 않지만 은근히 그날이 빨리 오기를 기다리는 눈치였고, 가라앉는 배에 승선할 사람이 없는데도 교사채용에 혐의가 있다는 등 이루 말할 수 없는 역경이 엄습해 왔다.
    나는 드디어, 교사는 학생들을 가르치기만 할 뿐이지 학생모집에는 협조할 수 없다는 생각을 가진 박경아, 김찬희 선생님께 경위서를 제출할 것을 명하였다. 그러나 두 교사는 경위서 제출마저 거부하였다. 나는 한 단계 더 높은 조치인 '경고장'을 발송했으나 그것도 당사자의 냉담으로 휴지조각에 머물렀다.

나는 드디어 학교를 존속시키기 위한 몸부림으로 적극적으로 행동하기 시작했다. 먼저, 학교 설립자에게 저간의 사정을 알리는 보고서를 작성하여 제출하였다.

회장님, 국향(菊香)의 계절입니다.
이렇게 어려운 여건임에도 학교를 부설해 주신 회사에 보필을 제대로 하지 못해 송구스럽습니다.
학교에 관한 몇 가지 사항을 보고 드리겠습니다.

1. 현재 교사는 저까지 포함해서 14명입니다.(24명으로 알려진 것은 시간강사 포함) 신학기에 타교 전출에 힘써 교직원 수를 줄이겠습니다.
2. 서무과 직원은 새로 임명해 주신 김형오와 급사 현미숙(급여 월2만원)뿐입니다.
3. 강사는 교사에 포함되지 않습니다. 공휴일, 국경일, 방학을 빼고 자기가 한 수업 1시간에 5,000원을 지급할 뿐입니다. 그러므로 방학 기간에는 시간 수당이 전혀 지급되지 않습니다. 예를 들어 회사 양호실의 간호원에게 1주일에 교련시간 3시간을 주어 응급처치, 임신, 출산, 성교육 등 수업을 다 했을 경우 한 달 수당이 6만원 지급됩니다. 새 학기에는 강사를 대폭 줄이어 음악 6시간, 미술 7시간만 맡기겠습니다.

'다음'은 1993년10월 17일 교직원회의에서 학교장이 발언한 내용을 적어놓은 비망록이다.

1. 학교는 규모를 줄여서 계속 운영한다.

2. 삼풍, 뉴보, 동산, 우현어패럴, 알바트로스 등 6개 자회사(풍명여고에 학생을 보낸 회사)의 1,000여명이 넘는 인적자원이 있으므로 1년에 2학급 내지 3학급은 유지 가능.

3. 학생모집은 교장, 교감, 학생주임만 해라 우리는 월급만 받아먹겠다는 생각, 편히 살겠다는 주장은 분명히 옳지 않음.

어떤 길이 나를 위하는 길이며, 학교 발전의 길인지를 생각하고 내년 신학기 학생모집 작전을 바꿀 필요가 있다.

4. 전국 산업체학교 세 곳이 문 닫았고 내년에도 세 학교가 폐교예정

5. 선생님들 몇몇 분은 학생모집을 전혀 못하겠다고 주장하고 있는데, 전국의 산업체학교 선생님들이 다 학교를 유지해 나가기 위해 열심히 뛰어다니고 있는 현실을 직시하자. (서울에 있는 여자상업학교 선생님들도 정원 미달을 막기 위해 전국을 누빔) 인적자원이 모자랄 때의 학생모집은 산업체 학교의 운명.

6. 일반 학교도 우수한 여중 졸업생 유치에 선생님들 출장 학생 모집함, 취업지도, 진학지도의 부담이 따름.

이렇듯, 산업체학교의 존폐문제가 전국적인 이슈로 떠올랐던 것이다.

이러한 상황에 대처하기 위해 한국 산업체부설중고등학교 교장회를 중심으로 자구책의 움직임이 태동하였다.

이제는 16년 전 산업체학교 설립 당시에 제정, 시행하여 온 '산업체의 근로 청소년의 교육을 위한 특별학급 등의 설치기준령'을 철폐하고 현실에 맞는 새로운 법을 제정하여 우리의 권익과 신분을 보장받아야만 진정 근로 청소년을 위한 참 교육은 실현될 것입니다.

그리고 '교원은 우대되어야한다.'는 입법정신에 알맞게 일반학교의 교원들에 비해 뒤떨어진 보수제도를 개선하여 산업체 부설학교 교원의 긍지와 사명감을 일깨울 수 있도록 전

국의 산업체부설학교인들의 이름으로 엄숙히 선언해야 할 때입니다.

　이러한 일들은 우리 산업체부설학교인 여러분이 굳게 단결하고 화합이 선행되어야만이 목적을 달성할 수 있을 것입니다. 차제에 우리들의 목소리를 합치지 못하면 백사장의 모래알처럼 절대로 큰 힘을 발휘할 수가 없음은 자명하지 않겠습니까.

　존경하는 전국의 산업체 부설학교 여러분!

　우리는 어느 누구도 방관 또는 비판자로 머무르지 말고 근로 청소년교육을 이끌어 나갈 주인임을 깊이 명심합시다.

　그래서 그동안 우리의 가슴 속 깊이 웅어리지고 앙금으로 남아 있는 주장을 하나의 목소리로 결집해 힘차게 외쳐봅시다.

　선생님의 총명과 예지가 힘을 합칠 때 산업체 부설학교의 교육은 반드시 정상 궤도를 달릴 것이며 정부가 추진하는 개혁은 꼭 성공하리라 믿습니다.

　존경하는 교장선생님!

　여러분도 잘 아시는 바와 같이 한국 산업체부설중등학교장회가 추진해 왔던 일은 산업체부설학교가 안고 있는 공동의 문제 해결을 위해 튼튼한 조직력을 구축하는 일이었습니다. 솔직히 그동안에는 본회 회원의 자격을 가지신 교장선생님들의 진정한 주인의식을 바탕으로 조직의 결집력 강화에 있어서는 미흡한 점이 적지 않았다고 생각합니다.

이러한 측면에서 주인으로서의 참여 정신에 불을 지펴 주는 일이야 말로 전 교장선생님들의 최우선으로 하셔야 할 매우 중요한 역할이라고 생각합니다.

우리 한국산업체부설중등학교장회는 외형적 조직이 아니라 전 산업체부설학교의 결집된 의지와 힘의 결정체이고 그 의지와 힘을 결집하는 데는 교장선생님 여러분의 역할이 절대적임을 상기시켜 드리고자 합니다.

교장선생님께서는 죄송하오나 스스로를 편달하시고 동료교사들의 협조로 힘을 합하여 소속 산업체의 전폭적인 이해와 협력을 구하시기 앙탁드립니다.

그리고 본회 활성화를 위해 별지 공문으로 안내해 드린 내역에 의거하여 회비 납부에 적극 협조하여 주시면 큰 힘이 되겠습니다.

끝으로 저에게 지지와 성원을 보내주신 선생님께 다시한번 감사드리며, 부디 선생님의 건성하심과 귀교와 가정에 무한한 영광이 있기를 기원합니다.

감사합니다.

1993년 5월 15일
한국산업체부설중등학교장회
회 장   이 연 호

이렇듯, 전국의 산업체부설학교는 그 절체절명의 비명을 질러대었다. 그러나 현실은 냉혹하였다.

앞에서도 언급했지만, 풍명여자고등학교의 경우, 학기중인데도 학급을 재편성하여 학급을 줄이고 교사도 감원하라는 회사 하부조직을 통한 간접 압력은 어려운 회사사정을 감안하더라도 교육자로서는 도저히 묵과할 수 없는 사항이었다.

나는 학교 설립자이자 모기업인 (주)삼풍의 김삼석 회장께 종합보고서를 올려 당면한 문제를 해결하고자 했다.

다음은 그 보고서의 내용이다.

1. 총론

회장님께서 근로청소년에게 교육의 기회를 제공하여 훌륭한 전문기능인 육성과 국력신장의 일익을 담당하게 한지 15년의 세월이 흘러 금년으로 본교는 2,500명의 졸업생을 배출하고 전교생 600명을 포용하는 전통 있는 교육기관으로 발전했습니다. 그러므로 이 시점에서 학교 설립의 의미를 재인식하실 필요가 있습니다.

교육은 국가의 백년대계이므로 본교에서도 전문대학 위탁교육이나, 사내 대학의 설치 운영이 절실히 요구되며 본교가 노동부고시 제29호(1992. 8. 5)로 봉재 2급 기능사 자격 취득기관으로 확정되었습니다. 그럼에도 불구하고 최소한 학교 운영계획은 최소한도 2,3년 앞을 내다봐야 하는데 갑작스런 신입생 감축, 학기중 교실 징발 등은 절대 삼가야 할 사항입니다. 교사 수급, 교과서 주문 교실확보 등 어려움이 너무 많습니다. 회사 사정이 어려운 줄 알지만 개선해 주십시오.

2. 각론

1학교 시설 문제

ㄱ. 교실이 절대 부족합니다.

첫째 3월 이전에 도서실을 절반 쪼개어 수업을 하고 있는 어려운 실정을 해결해 주셔야 합니다. 학생들이 앉을 자리가 없습니다.

ㄴ. 실습실의 기자재를 기본적인 것은 갖추도록 해 주시고(회사 여유시설 활용)
ㄷ. 선생님들이 몸이 아플 경우 잠시 쉴 수 있는 교사 휴게실이 필요합니다.
ㄹ. 각 교실 VTR 시설
ㅁ. 기숙사 시설 개선 (낡은 비닐장판 교체 등)

신입생 모집에 관한 일

ㄱ. 현황

3년간 학교에서 전담하여 학생을 모집한 결과 매년, 700여 중학교를 수차례 방문하여 기념품 전달, 사례품 (양복, 구두티켓, 넥타이, 양말 등)으로 답례를 해야 하나, 회사측에서 의혹을 제기하는 경우가 많고 특히 장거리인 강원도, 전라도, 충청도 등지의 출장에는 회사 인력관리과의 '내 일이다.'라는 인식이 없이는 성사가 불가능하며, 특히 타 산업체학교와 비교하기 위해 회사를 방문하는 중학교 선생님, 학부모, 지원 학생의 운송에 학교가 대처할 수 없습니다.

ㄴ. 개선책

3년간의 경험으로 보아, 사원모집은 회사 인력관리과가 전적으로 책임지고 주관하고, 학교 선생님들이 요원이 되어 각 중학교에 파견되어 섭외하는 것이 바람직합니다. 그래야만 그룹 차원의 홍보물 제작, 교통편의, 선물 적시공급, 모집 자금의 효율적 이용과 의혹 해소가 되고 인력 하나라도 아끼는 결과가 될 것입니다. 또 그래야만 회사가 사람 구하기가 얼마나 어렵다는 사실을 알고 야근을 줄이게 될 것입니다. 풍명은 공부 안 시키고 야근만 한다는 소문은 인원 충원의 치명적인 약점입니다.(신입생 중 안양 지역 중학교 출신은 거의 없음) 또 학생 수급과 관리가 이원화 되므로 효율적 인력관리가 어려워 조기퇴사자가 많이 생기므로 수급과 관리가 일원화 되어야 합니다.

ㄷ. 향후 지향할 사항

1. 회사와 학교는 독립된 기관이라는 인식이 필요합니다.
학교가 안양공장의 일개 부서라는 생각은 불식되어야 합니다.
2. 역사가 미천하고 더 소규모인 학교도 운동장 등 기본 시설은 확충하였습니다.
3. 금년도 전문대학 진학 희망자 33명, 방송통신대학 진학희망자 23명 등 학생들의 진학 욕구가 계속 높아지고 있음에 부응해야 합니다.

3. 결론
우리 전 교사들은 좋은 교육을 베풀고자 전심전력 노력하겠습니다. 부족한 점이 많더라도 널리 관용하소서.
설립자께서 더 많은 관심을 베풀어 주시기 바랍니다.

1993. 2. 7
작성자 학교장 임무정

그러나 이 종합보고서는 전달이 안 되었는지 아무런 후속 조치가 없었다.

생산 현장의 생산비 절감과 수출 선적 타이밍을 맞추기 위한 야근, 연장으로 학생들은 주기적 장기적으로 학교 결석이 잦았고 합반 수업과 학급 통 폐합의 압력은 더욱 가중되었다. 어떻게 보면 학교 폐교의 수순을 밟는 것이 아닌가 하는 의문을 떨칠 수가 없었다.

나는 이제 30년 교직을 접어야 하는가 하는 갈등의 나날이었다. 그러나 발상을 전환해보니 해결책은 있다. 이 기회가 전화위복의 기회가 될 수 있는 것이 아닌가?

어차피 기업은 부를 사회에 환원하기 마련이니까, 그것은 일반학교로의 전환이었다.

그러나 어떻게 할 것인가. 학이 울음 울던 한적한 논 가운데 있던 1만여 평의 공장부지(학교부지)가 평당 몇 백 만원을 호가하는 노른자위 땅이 되어 있는 현실을.

'백년대계'의 꿈은 사라지고

흔히 교육에 관한 일은 오랜 세월에 걸친 큰 계획으로 이루어 져야 한다는 의미로 '백년대계'라고 말한다.

교양과 지식을 갖춘 쓸모 있는 인재 육성이 주목적이기 때문이다.

하지만 풍명여자고등학교의 작금의 현실은 그게 아니었다. 심드렁한 일이 하루하루를 살아가야 할 발등의 불이었다. 학교의 존폐가 뿌리 채 흔들리고 있었기 때문이다. 그러나 전화위복의 계기가 마련될 수 있는 이런 난감한 현실이 새로운 가능성으로 이어질 수 있음을 예견해 보는 것이었다.

풍명여자고등학교는 1993년 당시 15년의 역사에 졸업생이 2,500명이나 되는 유서 깊고 전통 있는 학교로 발전했기에 학교 문을 닫는 일은 절대로 있을 수 없다는 확신을 가져 보는 것이었다.

그러나 학교 일을 관장하는, 회사의 실무담당 부장인 오한묵은 학교의 절실한 당면 과제를 설립자에게 건의 했더니 "내가 사업가지 교육자야."하며 버럭 화를 내더라는 전언을 들었고, 불과 십 수 명밖에 되지 않는 교사들을 교사대우 하지 않는 점과 1988년 말 현재 회사의 총자본금 6,500,000,000원으로 기업공개를 하여 주식 배분을 할 때, 발행 주식 1,300,000주 중, 오너 친인척 중심의 주주 몇 명의 주식 편중 현상이 두드러지고 우리사주 조합은 경

시되어 낮은 사원신분의 학교장 및 교사들은 아주 홀대를 받은 점,

총 735페이지의 사사, '삼풍 25년사'를 발간하면서도(1991. 9. 10) 학교 교사 전경이나 학교장 사진하나 게재하지 않은 점,

도대체 열댓 명밖에 안 되는 학교 선생님들을 제대로 대접하지 않는 설립자가 '측은지심'이 든다는 여교사 김남숙의 실망과, "이런 학교는 빨리 문을 닫아야한다."는 서상교 교사 등 일부 교사들의 동요 등이 걸림돌로 인식되었다.

그러나 당시 안양시는 인구가 대폭 늘어나는 도시인데다가 여자고등학교는 안양여자고등학교, 근명여자상업고등학교(근명여자정보고등학교), 성문여자고등학교(성문고등학교), 안양여자상업고등학교 등 4개교 밖에 없어 안양시내 여자중학교 졸업생을 다 수용할 수 없는 처지이기에 학교 증설이 경기도 교육위원회의 당면 과제이기도 했다.

그리고 어차피 학교를 세운 이상, 기업 입장에서는 기업이윤의 사회 환원 측면에서도 기존의 학교 건물, 교실, 교사, 각종 시설 그대로를 국가 사회에 내어 놓으면 될 일이었다.

풍명여자고등학교는 그 전통을 그대로 이어받아 일반 고등학교로 재출발하여 명맥을 이어갈 수 있는 개연성이 있었는데, 회사 존속의 구조조정 과정에서 안양공장이 중국 진황도와 우리나라의 경기도 장호원으로 이전하게 되어 학교 문을 닫아버린 것이었다.

가까운 곳에 위치한 한일합섬의 부설학교였던 수원의 '한일여자고등학교'가 '한일전산고등학교'로 명맥을 이어간 성공적인 사례가 있는데도 말이다.

아무튼, 한강의 기적을 이룬 원동력을 제공한, 가발을 다듬던, 미싱을 돌리던, 방직기에서 실을 뽑던, 찌든 가난의 시골집에서 먹는 입 하나라도 덜기 위해 자신의 진학을 포기하고 집을 나와, 늦게나마 산업체 부설학교나 산업체 특별학급에서 공부하며, 오빠 동생을 공부시키기 위해, 부모를 봉양하기 위해 기꺼이 자신을 희생했던 착하고 순수한 애국자인 젊은

산업 전사들의 초롱초롱한 눈망울들이 졸업증명서, 성적증명서, 학생기록부를 발급받기 위해 찾은 모교의 잔디밭에 앉아 정담을 나누고 할 자랑스런 모교가 없어진 것은 슬픈 일이 아닐 수 없다.

　어머니의 가슴처럼 따뜻하고 훈훈한 모습으로 어려울 때마다 지켜주던 모교가 사라져 아쉽지만 언제나 힘이 되었던 '마음의 고향을 잊을 수가 없습니다.'
　양백상고 제4회 졸업생, 장길남(40)이 사라진 모교를 그리워하는 말이다.

　'부자로 죽는 것은 정말 부끄러운 일'이라는 강철왕 카네기의 명언이 가슴에 와 닿는 것은 웬일일까.

저무는 날의 에필로그

　1993년 2월 28일, 나는 산업역군을 길러내는 부설학교 근로청소년 교육에 마침표를 찍고, 정규학교 행정직으로 돌아가기로 결심했다.
　회사측의 메시지를 읽은 것이다. 떠날 때의 뒷모습은 아름다워야 한다.
　"참 희한한 일이예요, 학교를 세운 후부터는 신사복 윗도리 라벨이 거꾸로 붙는 일이 없어요."
　풍명실업고등학교의 제2대 교장과 (주)삼풍 안양공장장과 사장, 계열사인 (주)뉴보의 사장을 지낸 모기업의 산 증인 이형대 님의 말이다.
　그의 말에 따르면 신사복 수출 초기에는 영문 알파벳이 거꾸로 붙은 라벨이 최종 검사에 발견되어 바로잡는 일이 여간 번거로운 일이 아니었고 간혹 제품이 선적되어 외국으로 수출된 상품에서도 잘못 부착된 라벨이 발견되어 바이어들의 항의를 받는 일이 종종 있어 여간 당혹스런 일이 아니었는데 2천여 명의 사원 중 7백 명의 학생들이 생산부서에 참여하고 부터는 그런 일이 전혀 없다고 한다.
　그리고 (주)삼풍 안양공장의 디자인 실장으로, 또한 (주)캠브리지의 패턴을 정착시키는데 공헌한 천창록 디자인 실장의 영결식(1982. 10. 27)이 최초의 회사장으로 엄수되었을 때, 그 공식행사의 자막에 '永訣式'이 아닌 '永決式' 등으로 잘못 표기되는 일이 없어지고' 생산 현장에서의 거친 말과 욕설이 사라졌다는 것이다.

이것이 학교 교육을 통한 제도 교육이 얼마나 직장 문화의 수준을 끌어 올리는가 하는 증거이리라.

아무튼, 한땀한땀 솔기를 세우는 바느질로 세계의 신사들에게 한국의 신사복을 입게 한, 어린 소녀들의 손길은 너무나도 아름다웠다.

그들에게서 나는 왜 인생을 열심히 살아야 하는가 하는 모범답안을 얻었다.

세계 최고의 품질을 지향하는 정상정복의 의지로 한국제품 신사복 정장 수준을 끌어 올려 세계시장에서 국위를 선양한 '신사복 회장'의 별칭을 가진 한국 신사복계의 개척자 (주)삼풍 김삼석 회장의 외길 인생의 업적은 결단코 과소평가할 수 없다.

그러나 어쩌랴, 노동집약의 대량 고용창출의 시대가 저물어 가고 있는 현실을….

이제 (주)삼풍의 후신인 (주)캠브리지 멤버스는 다른 대기업 계열에 운영권을 넘기고 차분히 새날의 가능성을 맞고 있는 것이다.

물론, '의상'이란 명제의 이론과 실제가 맞물렸던 산학연계의 장이었던 풍명여자고등학교는 개교 25년에 졸업생 3천명을 배출하고 그 교육적 의미를 '캠브리지 문화재단'에 넘기게 된 것이다.

그러나, '캠브리지문화재단'의 수혜대상을 의류분야가 아닌 소수의 고급 두뇌에 국한한다는 것은 회사 창립이나 학교 설립의 의지와는 별개이기에 아쉬움을 금할 수 없다.

"긴 머리 소녀야/ 눈 감고 두 손 모아/ 널 위해 기도하리라."는 포크듀엣 '둘 다섯'의 노래에 울음을 머금으며 얄팍한 월급봉투 그대로를 시골 고향 어머니께 보내어, 대학생 오빠의 학비를 보태고 아버지 약값으로 충당하고, 철야근무때는 '타이밍(카페인 각성제)' 몇 알을

먹어 졸음을 견디고, 퇴근할 때에 '센타 까이머(몸뒤지기)'를 당하면서도 당당하게 가난한 나라경제를 끌고 가던 자랑스런 애국자 공순이었는데….

고달픈 몸을 이끌고 일하면서 공부한 우리의 아들딸이 모교의 잔디밭에 앉아 학창시절을 그리워하고 졸업장, 성적증명서, 학생기록부를 떼어갈 수 있는 모교가 사라진 것은 얼마나 안타까운 일인가.

불과 수십 년 전, 학교 설립자가 논 팔고 소 판 돈으로 세운 천막교사 학교가 지금은 유서 깊은 명문학교로 성장하여 국가 사회에 이바지하는 것을 볼 때 더욱 그러하다.

내가 몸담았던 풍명여자고등학교는 야간 학교이므로 20여명의 선생님들은 오후 2시에 출근하여 밤10시에 퇴근하지만 서무과(행정실) 직원2명과 학교장은 오전 9시에 출근하여 일반 학교와 꼭 같은 공문처리와 학사행정, 출장 등 한사람이 몇 가지 일을 맡아야 하고 학교 행정과 교육 내용은 상급 기관인 경기도 교육위원회, 안양시 교육청, 모기업인 회사의 3중 감시와 통제를 받았다.

이른 출근과 늦은 퇴근의 불규칙한 식사 습관으로 얻은 것은 만성 위염, 위장병이지만 종업원 3천명의 큰 회사, 재학생 7백 명의 학교에 최초로 사보인 '삼풍사보' 학교신문인 '풍명학보'를 발간했고 우리나라 최초의 고등학교 의상과 커리큐럼인 필수교과로 의복재료 및 정리, 의상, 의상제도, 도안과 색채, 종합실습 등과 선택교과로 한재, 양재, 편물, 수예, 수예염색 등의 제도 교육에 앞장 선 점, 그리고 학생 자신이 만든 옷을 입고 펼친 수준 높은 패션쇼를 정착시켰고 '정상정복 향한 의지 너와 내가 따로 없다'는 표어를 창시하여 신사복 품질의 세계정상 정복을 향한 의지에 동참했던 점이 기억에 새롭다.

야간 산업체학교이기에 1교시 수업시간이 40분인데도 혹시 알차게 수업하지 않고 어영부영 시간을 보내는 교사가 없는지를 알아보기 위한 힘든 계단 오르기의 교실순회 등의 내 모습이 주마등처럼 지나간다.

교육계에 퍼진 우스개 소리인 '을지문득선생님'을 방지하기 위함이다.

게으른 선생님은 수업 시작 벨이 울린 후 느긋이 자리에서 일어나 천천히 출석부를 꺼내 들고 느린 걸음으로 교실로 들어가서 60명의 학생 이름을 번호대로 호명하여 출결석 학생을 확인한 후 헛기침을 하고 '고구려 을지문덕 장군이…'라고 수업을 시작하면 수업이 끝남을 알리는 벨이 운다는 것이다.

힘든 일로 피곤에 지쳐 손을 저어 자부럼을 쫓는 학생들에게는 하루 4시간의 40분 수업은 금쪽 같이 귀한 시간이기에 선생님들이 알찬 수업으로 시간을 엄수하는지의 여부확인은 산업체 부설학교 교장에게는 기본 임무중의 하나라는 소신을 가졌기에….

또 한 가지 안타까운 일은 장학지도를 나온 경기도교육청 안경모 장학사가 졸업생 명부를 하나하나 들춰 보더니 한 학생을 지목하며 이 학생은 중학교 과정을 정규학교가 아닌 고등공민학교를 나왔기 때문에 졸업생 명단에서 이름을 빼라는 것이었다.

나는 그 부당성을 주장하고 우리학교에 입학하여 소정의 과정을 이수했으므로 졸업장을 수여하겠다고 항명을 했다. 평생교육과 개방교육의 차원에서도 각종학교도 제도 교육의 일환으로 보아야 하는 당위가 있는데도

그러나 그는 완강했다. 나는 할 수없이 교무부장과의 의논 끝에 수료증을 주는 것으로 귀결을 보았다. 그러나 몇 달이 지난 후 그녀가 고등학교 졸업장이 없어 취직을 할 수 없다는 하소연을 해 왔다. 나는 무릎을 치는 후회를 하고 말았다. 특히 산업체부설학교의 경우 출신 중학이 꼭 정규학교여야 한다는 안경모 장학사의 융통성 없는 고정관념의 지시를 무시하고 학교장 재량으로 졸업장을 수여할 수 있었는데, 그 결과에 대해 내가 책임지면 되는데 하는 후회막급의 뉘우침이었다.

그녀가 고등학교 졸업장이 없어 직장생활을 못 하거나 대학에 진학할 수 없어 인생의 큰 불이익을 당할 것을 생각하니 너무나 미안하고 안쓰럽다.

나는 저무는 창가에 앉아 사직서를 썼다.

1980년에 부임하여 1981년 제1회 졸업생부터 1993년 2월 10일까지 열 세 번의 졸업식을 경험하며 3년간의 악조건을 이겨낸 장한 딸들에게 거의 매번 시큰한 눈물을 보였었는데 오늘은 설핏 지나가는 눈물이었다.

1980년 10월의 교정에서의 사진 한 장, 성예, 정래, 진옥과, 햇빛 스미는 기숙사 창가에 앉아 수를 놓으며 잠시 일손을 멈추고 정겹고 따스한 스승과 제자의 정을 적어 보낸 서연순 양과, 지금은 보험회사 중견사원으로 좋은 가정을 이룬 '아홉 개의 빈 그릇'의 사연을 전한 박삼례 양이 그립다.

언제 어디서, 이젠 슬하에 몇 명의 자녀를 둔 중년의 어머니가 되어 있을 그들의 손을 반갑게 잡고 싶다.

그러나 한편 생각하면 우리 졸업생의 시골집 대청마루에 가족사진과 함께 내 명의로 발급된 졸업장이 나란히 자랑스럽게 걸려 있다면 그것이 보람 있고 의미 있는 일이 아닌가 하는 생각을 하며 서랍에서 꺼낸, 이름을 밝히지 않은 졸업생의 편지를 다시 읽으며 무거운 어둠이 짓누르는 심야의 교장실을 벗어나 13년의 올빼미 생활을 접었다.

교장선생님께 드립니다.

교장선생님.
무척 오랜만에 불러보는 선생님이란 세 단어에 가슴 뭉클함과 함께 부끄러운 마음이 가득합니다.

교장선생님. 모교 풍명에 몸담고 있을 때도 조용하게 생활했기에 선생님의 기억 속에는 어색한 졸업생이지만 언제나 교장선생님의 자상하심에 감사하게 생각하는 제4회 졸업생입니다.

　선생님, 일인이역(한 사람이 두 가지 역할)에도 언제나 사랑과 함께 항상 격려해 주시던 선생님들께서 함께 하셨기에 힘든 줄 몰랐는데 사회의 한 일원으로 한 가지 역에도 무척 힘듭니다. 그럴 때 마다 지난날의 많은 충고와, 좋은 사람이 되기를 바라시면서 희미한 형광불 빛보다 더욱 빛난 눈을 가진 우리들이 되라고 열심히 한문을 가르치시던 선생님의 사랑과 은혜에 보답하고자 애써 웃어 보이며 가을 하늘처럼 맑은 정신으로 오늘에 충실하고 있습니다.

　교장 선생님

　작은 위치이지만 감사할 줄 아는 선생님의 제자, 우리의 풍명의 딸들이 선생님의 감사함에 보답하고자 열심히 조심스럽게 하루에 충실하고자 애쓰고 있습니다.

　아울러, 선생님의 정겨운 가정 속에 많은 발전과 축복이 함께 하기를 맑고 맑은 정신으로 진심으로 기도 드릴 수 있도록 허락해 주신다면 염치없는 부족한 제자의 생각이 아닐까 싶습니다. 부족한 선생님의 제자이지만 선생님을 존경하고 선생님의 좋은 제자가 되기 위해 말보다 행동으로서 하나하나 실천하고 있습니다.

　너무 나무라지는 마십시오.

　그럼, 교장 선생님 이 가을에도 좋은 우리 풍명의 스승님이 되시길 우리 모두 새벽별과 함께 염원합니다.

1988년 9월 29일
풍명졸업생 드림.

전국 산업체부설학교 및 특별학급 현황

1989. 4. 1 현재

학교별 \ 구분		학교수	학급수	학생수	교원수
부설학교	중	3	9	275	20
	고	40	864	47,585	947
	계	43	873	47,860	967
특별학급	중	16	50	2,013	182
	고	125	1,354	75,224	2,779
	계	141	1,404	77,237	2,961
총 계		184	2,277	125,097	3,928 3,937 (문교부통계)

※ 總計 9名의 차이는 실제 계산과 문교부 통계와의 차이임.

산업체 부설고등학교 현황

1989. 4. 1 현

시,도	순번	학교명	학교장	학과별	학급수	소재지
서울	1	경방여실고	최병필	방직과	9	영등포구 영등포동3가 148
	2	방림여상고	박영석	섬유,상과	15	영등포구 문래동3가 54
	3	한강실고	진정인	회계,상과	14	구로구 구로동212-1
부산	4	태창여상	이학락	상업과	17	동래구 부곡동315
	5	태화여상	신동웅	상업과	17	부산진구 개금2동 556-51
	6	삼화여상	정봉기	상업과	24	동구 범일2동 830 118
대구	7	성실여실고	박성배	방직,가정과	16	북구 침산동 105
	8	한일여실고	문호길	방직과	23	북구 건단동 838
	9	이현여실고	배창석	방직,가정,상과	33	서구 중리동507-19
인천	10	동일여상고	김병국	상과	9	동구 만선동37
경기도	11	한일여실고	한정택	방직과	26	수원시 조원동 111
	12	풍명실고	임무정	의류과	11	안양시 안양7동 199
	13	수영여고	김태학	보통과	18	화성군 오산읍 원리 404
	14	인영여고	신현관	방직과	9	용인군 포곡면 삼계리
충북	15	양백여상	송준규	상과,회계과	62	청주시 북대동100
	16	석천여상	황경수	상과	9	청주시 북대동100-10
대전	17	대덕여고	이연호	보통	23	대덕구 석봉동 555
	18	정풍고	백성현	보통	6	동구 대화동 40-40
	19	혜천여고	이길환	보통	20	서구 복수동 280
	20	충일여고	박상배	보통	65	유성구 원내동 1
충남	21	청운여고	유선희	보통	27	천안시 두정동 26-5
	22	연화여고	최홍수	보통	27	아산군 배방면장재리 515
	23	홍은여고	백영순	보통	20	연기군 남면연기리 34
	24	예덕여고	오장근	보통	27	예산군 예산읍신예원리 300

전북	25	이산여상	안동현	상업	19	이리시 신흥동 727-7
	26	청구여상	김윤만	상업	6	군산시 금동 2-3
	27	경암여상	허경욱	상업	6	군산시 구암동 333-1
	28	정명여상	송회선	상업	13	전주시 팔복동1가 388-1
경북	29	경진실고	이태섭	섬유	6	경산군 진량면 부기동 345
	30	태화여상고	이원만	상업	17	경주군 외동읍 모화리 162
	31	동국여고	강성무	보통과	32	구미시 공단동 267
	32	성암여실고	이영곤	과정,섬유과	12	경산군 경산읍 중산동 1
	33	오운여실고	최영호	섬유,가정과	12	구미시 공단동 212
경남	34	한일여실고	강인섭	방직과	110	마산시 양덕동 888-9
	35	김해한일고	김진일	방직과	28	김해시 안동 333
	36	동경여상고	구정희	상업	9	김해시 삼계동 301
	37	시온여실고	이동일	상업	9	양산군 기장읍 죽성리
〈산업체 부설중학교〉						
대전	1	혜천여중	이길환	보통과	3	서구 복수동 280
	2	충일여중	박상배	보통과	3	유성구 원내동 1
경남	3	시온중	이동일	보통과	2	양산군 기장읍 죽성리

아홉 개의 빈 그릇

임무정 지음

발 행 일	2019년 2월 15일
지 은 이	임무정
발 행 인	李憲錫
북디자인	이금옥 이현경 류미혜
발 행 처	오늘의문학사
출판등록	제55호(1993년 6월 23일)
주 소	대전광역시 동구 대전로 867번길 52(한밭오피스텔 401호)
전화번호	(042)624-2980
팩시밀리	(042)628-2983
전자우편	hs2980@hanmail.net
홈페이지	cafe.daum.net/gljang(문학사랑 글짱들)
공 급 처	한국출판협동조합
주문전화	(070)7119-1752
팩시밀리	(031)944-8234~6

값 15,000원

ⓒ 임무정.2019

* 이 책은 ㈜교보문고에서 E-Book(전자책)으로 제작하여 판매합니다.
* 잘못 제작된 책은 바꾸어 드립니다.

* 이 도서의 국립중앙도서관 출판예정도서목록(CIP)은 서지정보유통지원시스템 홈페이지(http://seoji.nl.go.kr)와 국가자료종합목록시스템(http://www.nl.go.kr/kolisnet) 에서 이용하실 수 있습니다. (CIP제어번호 : CIP2019004717)